毎日の「歩き方」を変えるだけで、みるみる痩せる！

歩トレ

合わせて歩くだけダイエット

プロウォーキング講師
今村 大祐

MdN
エムディエヌコーポレーション

はじめに

普段、自分の姿勢や歩き方を気にしたことはありますか？
鏡やショーウィンドウを見たときに、姿勢の悪さを感じたことはありませんか？
実は日本人の約8割の方が、自分の姿勢を改善したいと思っています。ですが、そのために何かを実践し続けている人や、実際に姿勢を改善できた人は、僕の見解ではありますが、1割程度しかいません。おそらく、これまで幼少期に習った「気をつけ」のような力を入れて立つ動作を、正しい姿勢だと思っていて、キツイと感じて姿勢改善することを避けているのでは？と思います。

本書でご紹介する僕のメソッドでは、痩せるために特別にトレーニングの時間をとる必要はありません。人の1日の平均歩数は約4000歩〜6000歩。毎日の「歩き方」を変えるだけでこの約4000歩〜6000歩をすべてトレーニングに変えることができるのです。それが、骨格や筋肉を意識して正しく歩く「歩トレ」です。

また、本書では一人一人に自分の本当の魅力を知ってもらうために、4つの骨格タイプに分類しています。骨格タイプによって、脂肪の付き方や印象も変わり、自分に似合うものや効果のあるトレーニングも変わってきます。美しく見える人達は自分の骨格タイプを理解して、自分に合った洋服選びやトレーニングをしているのです。姿勢や歩き方は、骨格と切り離せない関係にあり、自分の骨格タイプを知るだけで効率よく痩せることができ、すぐに変化を感じられるのです。

また、姿勢や歩いている姿がキレイな人を見ると、モデルや表舞台に立っている人なのかなと思いませんか？　これは、日本人の約9割が正しい姿勢やキレイな歩き方が実践できていないので、モデル達の美しい姿勢や歩き方が際立つから。つまりは、姿勢や歩き方を正しく変えるだけで、キレイな人という印象を持ってもらうことができるのです。

姿勢や歩き方を変えるだけで、自信が持てたりポジティブになれたり、人に与える印象が激変したりと、びっくりするくらい変わります。僕は何万人もの変化の瞬間に立ち会ってきました。そんな僕のメソッド、ぜひ試してみてください。

あなたも自分の「似合う」を知って、激変してみましょう。

今村　大祐

「正しい姿勢＝気をつけ」はＮＧ リラックスした状態で立ちましょう

小・中学校などで習ってきた「気をつけ」を正しい姿勢だと思ってはいませんか？　実は「気をつけ」は、直立不動の姿勢になるための号令。身体全体に力が入りすぎてしまうため、正しい姿勢ではないのです。

「気をつけ」を正しい姿勢と思いこみ、普段から実践している人は、実は身体に負担をかけて疲れやすくなっている可能性が高いのです。

また、正しい姿勢がツライと思っている人はいませんか？

次のような姿勢は、実は間違った姿勢。自分の姿勢に当てはまっているものはないか、チェックしてみましょう。

■立ったときに足の指に力が入り踏ん張っている＝前重心になっている
■姿勢を正そうとしたときに、腰や背中に力が入っている
■脇を締めようとして、肩が上がっている

■顎が上がっている
■姿勢を正したとき、リラックスしていない

1つでも当てはまった人は、身体に負担をかける姿勢をしてしまっている状態。

自分が思う正しい姿勢がツライ人は、本来の正しい姿勢から離れている証拠です。そして、正しい姿勢をキープするために必要な筋肉が備わっていない可能性も。

正しい姿勢を身に付け、正しく筋肉を使うことで脂肪燃焼率がアップすれば「痩せること」に繋がります。これが、「歩き方」を変えることで痩せることに繋がるという僕のメソッドです。

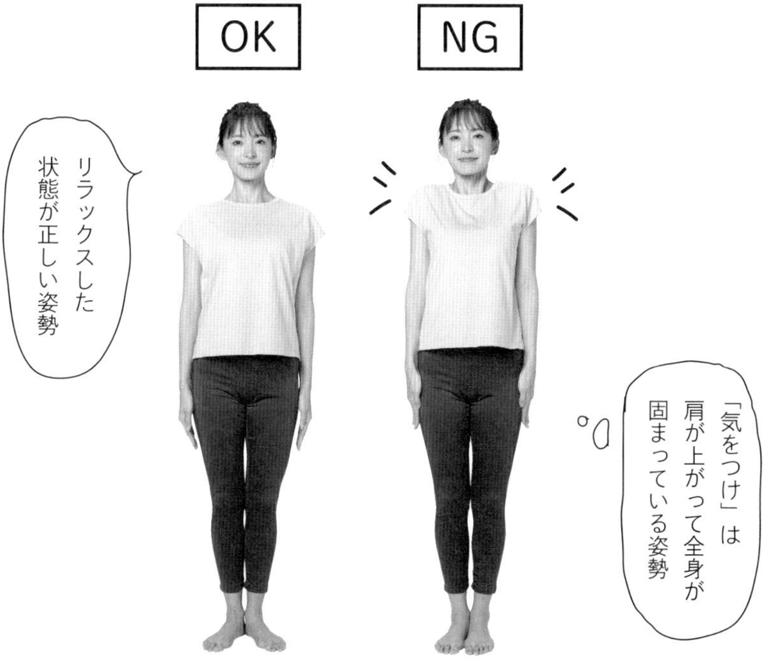

「歩トレ」でみるみる痩せる理由

全身の筋肉を使いながら歩く「歩トレ」。
歩くことをダイエットに変えられる理由をお伝えします！

痩せる理由

1 有酸素運動で痩せる

もともとウォーキングは有酸素運動で、脂肪が燃焼し「痩せること」に繋がる運動です。さらにしっかりと体幹や筋肉を意識する「歩トレ」で、もっと効率よく脂肪を燃焼させることができるのです。

■足を蹴り出すときに、第二の心臓と呼ばれるふくらはぎをしっかりと使うことで血流がアップ！
■内ももを閉じながら歩けば、内転筋やハムストリングスを使うので脚痩せ効果が期待できる
■歩幅を広げて歩けば、ヒップアップや美尻効果が狙える
■腹圧をかけて歩くことで、ぽっこりお腹の解消やバストアップにも！

ほら、歩き方を変えるだけで、全身ボディメイクに繋がるでしょう？

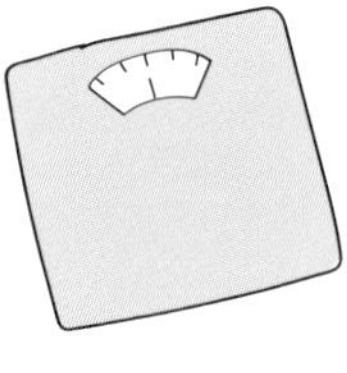

痩せる理由 2

全身運動で筋力がつく

「歩くだけじゃ筋トレにはならない」と思ってはいませんか？　歩トレは全身の筋肉を意識する全身運動。実は、ウォーキングレッスンを行うたびに、全身筋肉痛になるモデルも多いのです。

脚だけを使うのではなく、姿勢を正しながら歩くと、全身の筋肉を使うので、自然と筋トレになるのです。

痩せる理由 3

“褐色脂肪細胞”を使って脂肪燃焼

身体の中でダイエット細胞だといわれている「褐色脂肪細胞」。主に、首周り、肩甲骨付近、腎臓の付近に存在します。ここを動かすことが、痩せやすくなるポイントです。しかし首周りや腎臓付近を日常的に運動として動かすのは難しいので、日常的に動かしやすい肩甲骨付近の「褐色脂肪細胞」を使うのがおすすめ。「歩トレ」では、肩甲骨を動かし、この「褐色脂肪細胞」を使うので痩せやすくなるのです。

褐色脂肪細胞が多い部分

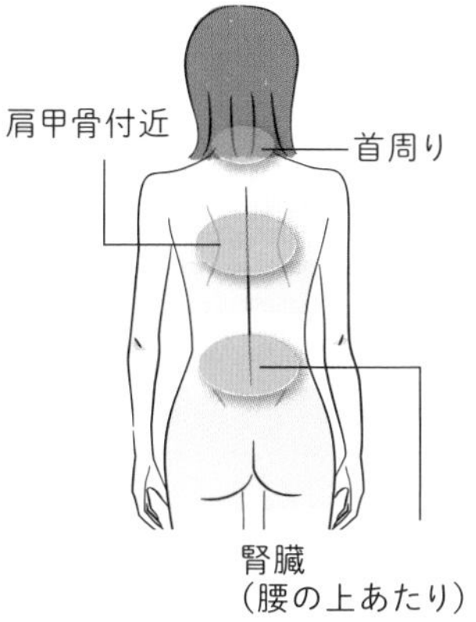

痩せる理由

4

〝セロトニン〟の分泌を増やしてダイエットに活かす

脳内や腸内から分泌される〝幸せホルモン〟と呼ばれる「セロトニン」。実はこの分泌が、ダイエットにとても効果的！　セロトニンは精神を安定させてくれるので、ストレスや暴飲暴食も抑えてくれます。

セロトニンを出す方法のひとつが背骨の矯正。猫背や背骨が丸い状態では、セロトニンが出にくく、自律神経も整わず気分も下がり気味になってしまうのです。

「歩トレ」は、背骨を伸ばすので、〝セロトニン〟の分泌をうながすのです。

痩せる理由

5

運動は〝量〟より〝質〟

運動強度が低く、リズミカルな運動を行うと、セロトニンの分泌量が増加するといわれています。これは有酸素運動であるウォーキングの動きにも当てはまります！

さらに、使う部位を意識することで、運動効果は高まります。

やみくもにトレーニングをするのではなく、日常動作の中に意識を持つことで、普段の動きがトレーニングに変わるのです。

痩せる理由

6 自分に自信がつく

自信がある人を想像してみてください。自信がある人は堂々と胸を張っていて、背筋が伸びているイメージがありませんか？　逆に、自信がない人は背中が丸く、猫背になっているイメージでしょう。

このように、自信（心の状態）と姿勢はリンクしているのです。さらには、人に与える印象にも大きな影響を与えます。

なぜ姿勢と自信がリンクしているかというと、「歩トレ」で筋肉量がアップすると、男性ホルモンのテストステロンが分泌され、気持ちが前向きになり、メンタルの改善が期待できるから！　さらに姿勢を正して歩くことで、セロトニンが分泌され、やる気や集中力も高まります。

「歩トレ」は身体と心へ影響し、あなたの思考をどんどんポジティブにしてくれて、ダイエットの活力にもなるのです！

「歩トレ」Q&A

僕のSNSに寄せられた、疑問・質問にお答えします。

Q1
「1日何歩」歩くのがいいの？

人は、1日平均4000歩〜6000歩ほど歩いているのですが、無理をしてこの歩数を増やすのではなく、「歩きの質」を良くすることがポイント。

わざわざ運動時間をつくらなくても、日常の「歩き」を運動だと考えて、質の良い「歩き」を意識することが大事です。

Q2
ウォーキングとランニングはどちらが痩せるの？

運動強度と運動時間によって、痩せる効果は変わってきます。例えば同じ60分で行う場合は、運動強度が高いのでランニングの方がダイエット効果が期待できます。

ですが、運動が苦手な人や慣れていない人は、長い時間行えるウォーキングの方が効果的と考えます。

Q3 歩き方でO脚は治りますか？

よく聞くお悩みのO脚。理想的なのは、脚を閉じたときに、膝、内くるぶし・ふくらはぎの3点が付く状態。普段の姿勢や歩き方を正しくすることで、O脚を改善することができる場合も大いにあります！

僕のレッスンで姿勢を変えただけで、O脚が改善した人もたくさんいるので、ぜひ「歩トレ」を試してみてください！

Q4 「歩トレ」ってつまりはモデルウォーキング？

歩き方は、

①ファッションショーで洋服を見せるモデルの歩き方
②コンテスタントとして自分を表現する歩き方
③健康的で運動にもなる歩き方
④日常生活を美しく見せるための歩き方

に分けられます。本書の「歩トレ」は③と④です。ですが、どの歩き方もベースは正しく、美しい、リラックスした歩き方をしています。

①と②は、③と④を発展させたもの。だから「歩トレ」をマスターできたら①と②も夢じゃない。

「歩トレ」をマスターして、洋服によって歩き方も変えたりする、そんな人が街中にいたら、ファッションショーのようで楽しいな……って僕は思います。

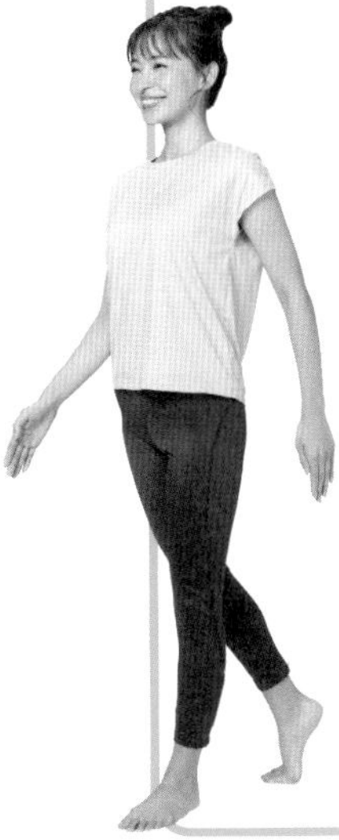

Q5 歩くときの重心のかけ方によって痩せやすい・痩せにくいはありますか？

姿勢を正して歩くのはもちろん大切ですが、重心のかけ方で痩せやすくなったり、痩せにくくなったりする場合があります。

例えば、歩くときに重心が外側にかかっていると、歩幅が狭くなり、すり足になり、下半身の運動量が低下して、筋肉を使うことが減るので痩せにくくなります。

親指重心で歩くのが痩せやすい歩き方で、かかと↓小指↓親指の順で重心を移動する「3点足法」（P41）は、ハムストリングスや臀部といった、下半身の筋肉をたくさん使うので運動量がアップし、痩せやすくなります。

Q6 良い印象になる歩き方はありますか？

下を向いていたり、背中が丸くなっていると、呼吸が浅くなり、表情も暗くなるのでマイナスの印象を与えやすくなります。この呼吸の量が実はとても大事。

腹圧をかけて胸の位置を持ち上げることで呼吸量を増やすことができるので、表情が明るくなり印象も良くなります。あとは、姿勢や歩き方に加えて、笑顔も忘れずに！

Q7 ヒールとスニーカー、どちらがキレイな歩き方に見えますか？

健康の面を考えるとスニーカーですが、美しく見せるのであればヒールの方がおすすめです。

前重心になりやすいヒールは、背面の筋肉を意識して使いましょう。重心が身体の真下にきて安定するので筋力アップのトレーニングへと繋がります。スニーカーもヒールも正しく履いて歩くことが大切です。詳しくはP40をチェックしてみてください。

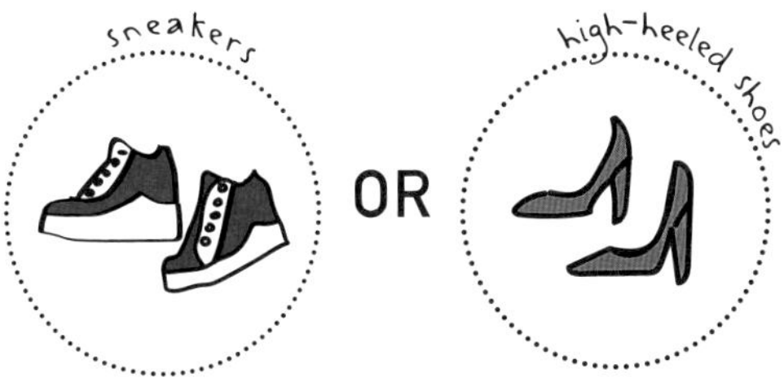

Q8 たくさん歩いたら脚が太くなりますか？

歩き方次第で、太くも細くもできます。例えば、ももを閉じた歩き方だと内ももを引き締めることができるので脚痩せ効果があります。また、前面に重心をかけて膝を曲げる歩き方は、スクワットをしている状態と同じなので前ももが太くなるし、外重心の場合は、太ももの外側が張ってきます。歩く量ではなく、歩き方がポイントなのです。

全員共通の正しい歩き方「体幹コアウォーキング」を学んで、自分の骨格タイプ診断から自分に合うエクササイズで、さらに魅力的な身体に！

第1章 「体幹コアウォーキング」の基本の7つの動き P.24

身体の７つの部分を意識しながら歩く「体幹コアウォーキング」。
正しい姿勢と歩き方をマスターしましょう。

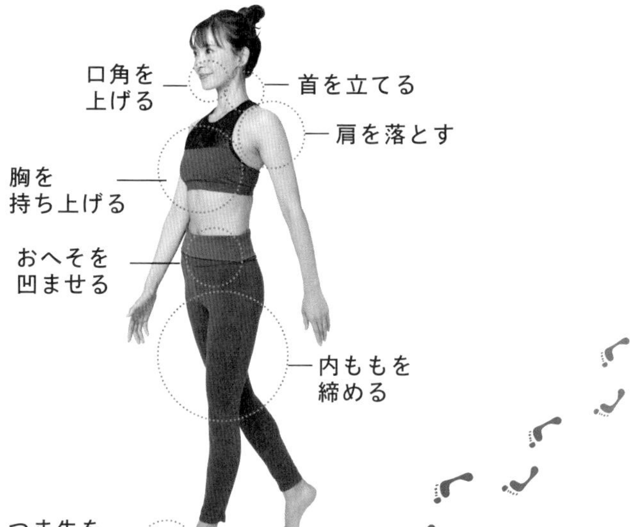

第2章　骨格タイプ診断

P.49

骨格を４つのタイプに分類。自分の骨格タイプを知ることで、似合う服や歩き方、印象を知ることができます。

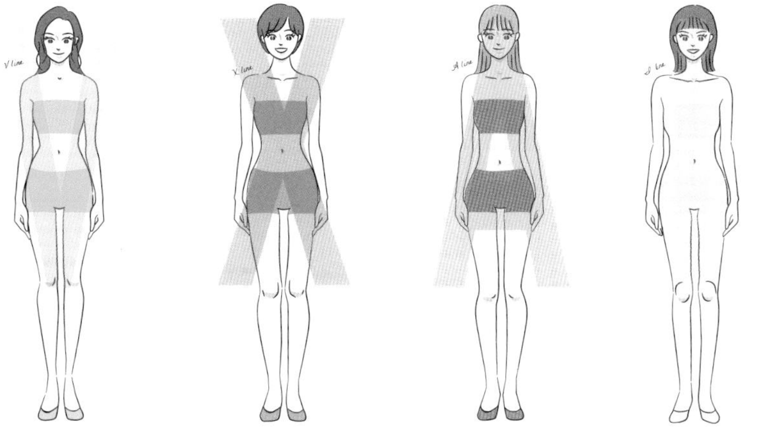

Vラインタイプ　Xラインタイプ　Aラインタイプ　Iラインタイプ

第3章　骨格タイプ別 お悩み改善トレーニング

P.77

筋肉も脂肪も骨格によって付き方が違います。より魅力的なボディになる骨格タイプ別トレーニングを紹介します。

目次

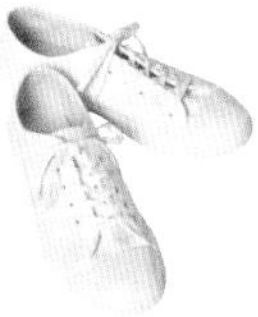

第2章 骨格タイプ診断

column

思考と行動の関係を保つのは姿勢を正すことが一番の近道！ 1

脳は傾きに弱い器官。なので、頭が横に揺れるように歩いている人や、軸が決まらずフラフラとした歩き方をしている人は、集中力が長続きせず、優柔不断であることが多いタイプ。また、脳は縦揺れにも過敏で、縦揺れで歩く人は不眠症だったり寝付きが悪かったり、神経が過敏になりイライラすることも多かったり……。
このように歩き方は、実は生活習慣のさまざまな部分に影響をもたらすのです。

あくまでも僕の印象ではありますが、足音と声の大きさ、歩く速度と落ち着きは比例しているなと思います。さらに、手先への意識は丁寧さ、腕の振りのスムーズさはコミュニケーションの取り方に表れます。

例えば、
足音が大きい人…声が大きい人が多い。
歩くのが早い人…せっかちな人が多い。
手をブラブラさせて歩く人…片付けが苦手な人が多い。
腕を振らない人…人の話を聞いていない人が多い。
思い当たる人は、ここから気をつけてみましょう。

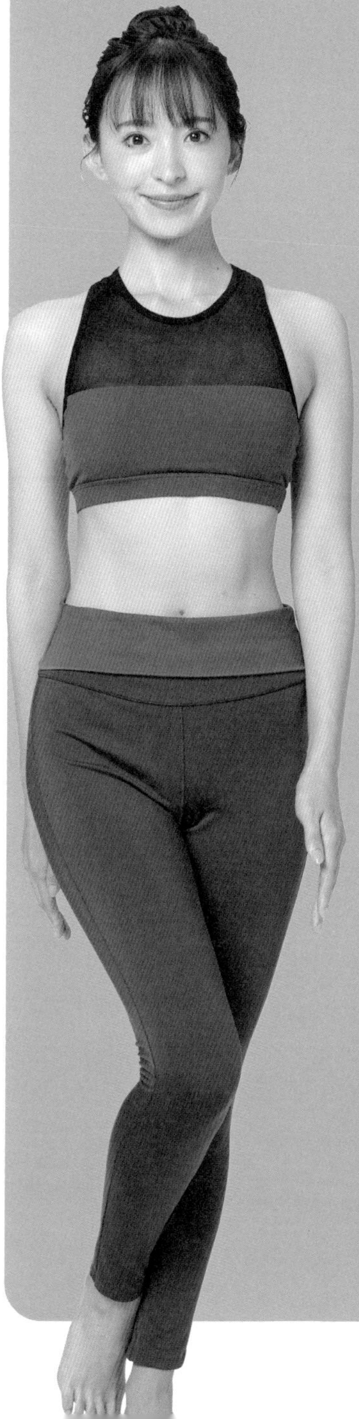

第１章

歩トレの基本姿勢

正しい姿勢で歩くための基本の動き

正しい姿勢や、正しい歩き方はツラくない！
正しい歩き方＝美しい歩き方。肩こりも猫背も腰痛も身体を正しく使えていない証拠。まずは、正しい姿勢で歩くことを学びましょう。

歩き方をチェック！

まずは、自分の普段の歩き方をチェックしてみましょう。
歩き方が違うだけで、こんなに印象が変わります！

間違った歩き方 NG

あなたの姿勢は大丈夫ですか？

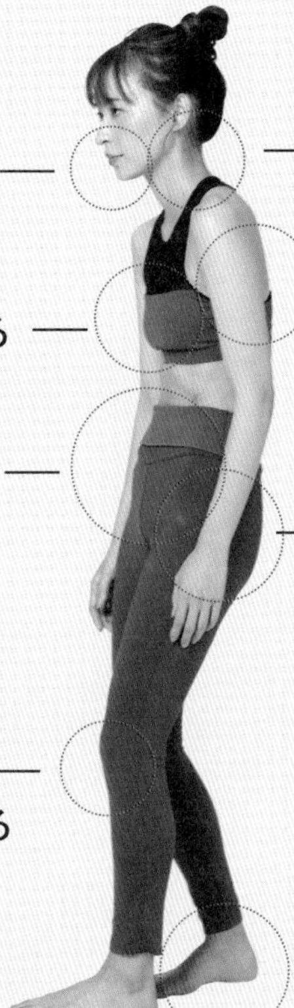

自分の普段の姿勢と

正しい歩き方 OK | 7つの動きを意識した「体幹コアウォーキング」

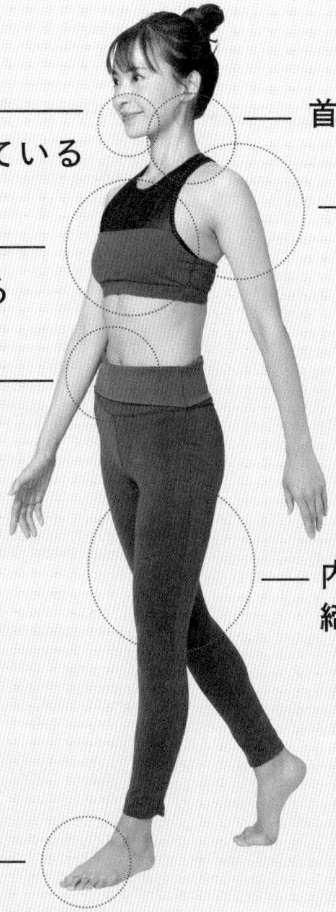

体幹コアウォーキングの基本 7つの動き

ただ歩くだけでは勿体ない。身体の7つの部分を意識しながら歩くことで痩せることに繋がる「体幹コアウォーキング」。まずは、できる部分から意識してみましょう。実際の動きを動画で見られます！ 39ページのQRコードからCheck！

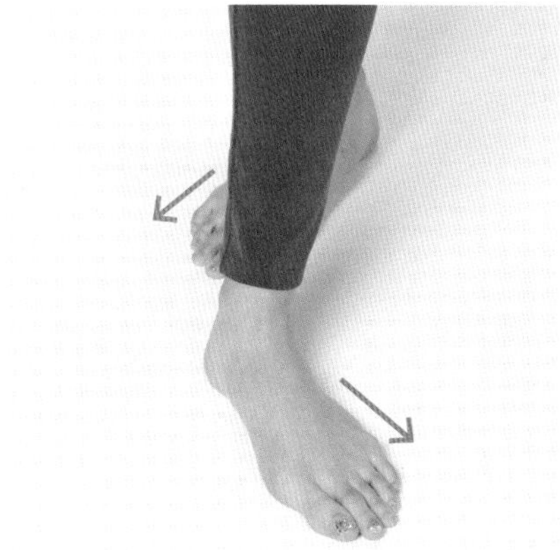

1 つま先を外に開く

つま先は5～15度、外側に開くようにします。歩いているときも常に開いた状態をキープするようにしましょう。

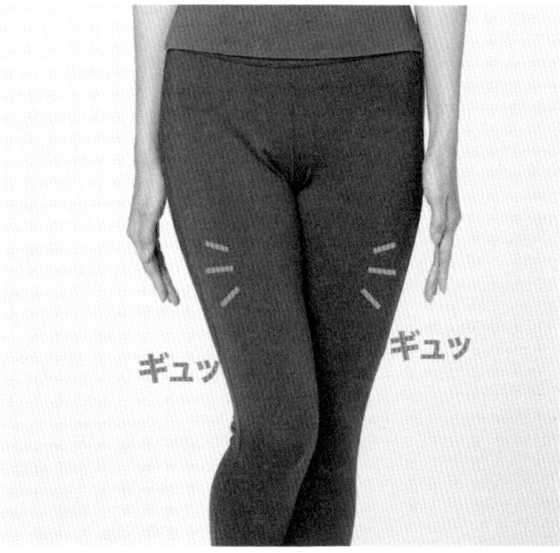

2 内ももを締める

歩くときは、内ももの筋肉（内転筋）を締めます。左右の内ももをすり合わせる感覚で。

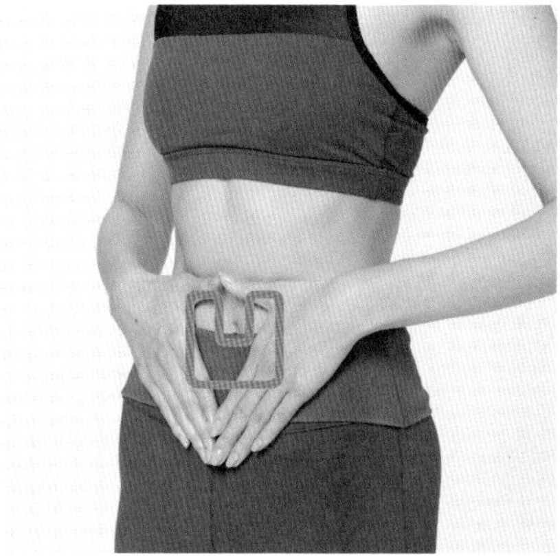

3 おへそを凹ませる

おへそ周辺の筋肉を意識し、常に腹圧をかけておへそを凹ませた状態をキープ。腹筋トレーニングにも繋がります。

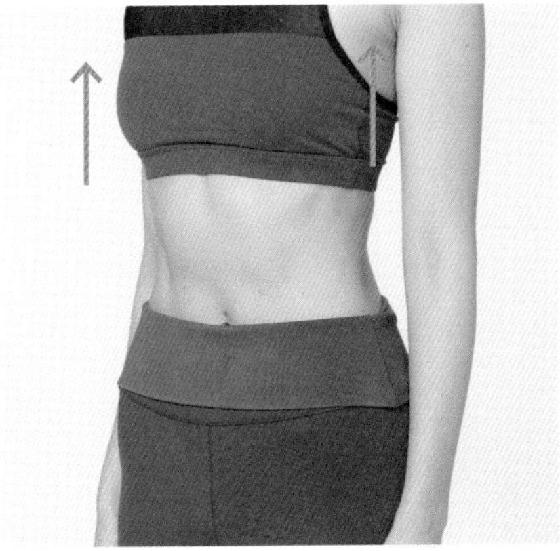

4 胸を持ち上げる

胸郭を持ち上げ、バスト全体の位置を上げるよう意識しましょう。そうすると、姿勢も自然と良くなります。

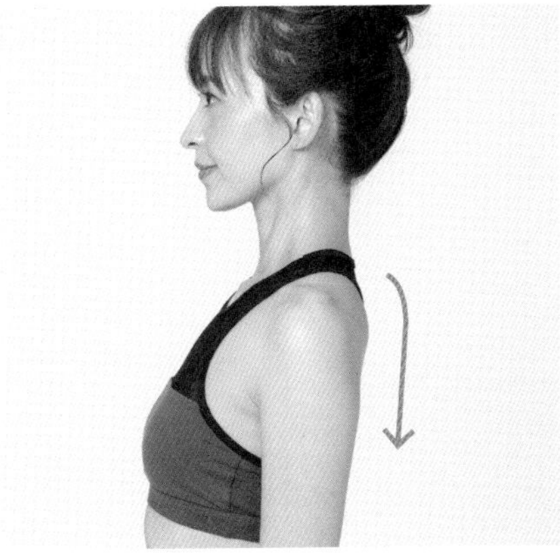

5 肩を落とす

肩の力をゆるめて、肩の位置を下げることで、首が細く長く見えるようになります。

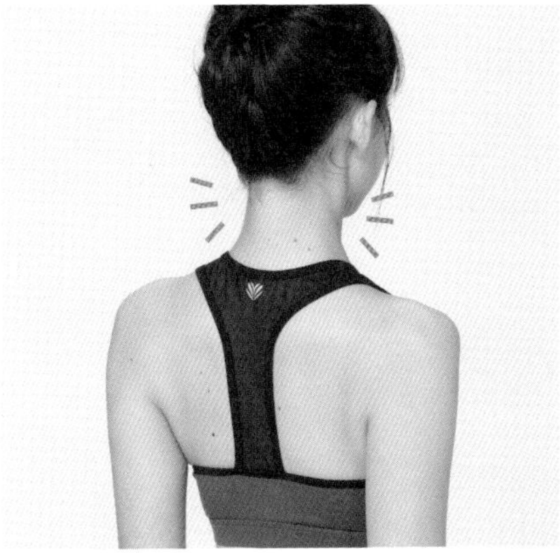

6 首を立てる

顔を正面に向けて、顎の位置が前に出ないよう、首を後ろに持っていきつけ根からしっかりと立てましょう。

7 口角を上げる

口角を上げると、口元のたるみ改善効果も！　自然と笑顔になり、呼吸も楽になります。

LESSON 1

下半身

つま先を外に開く

脚を真っ直ぐに見せるための動きです。

痩せポイント

大転子とくっついている「梨状筋」と「中殿筋」を使います。この2つの筋肉を使って歩くと、大転子が内側に引っ張られるので太ももの外のハリ解消に！

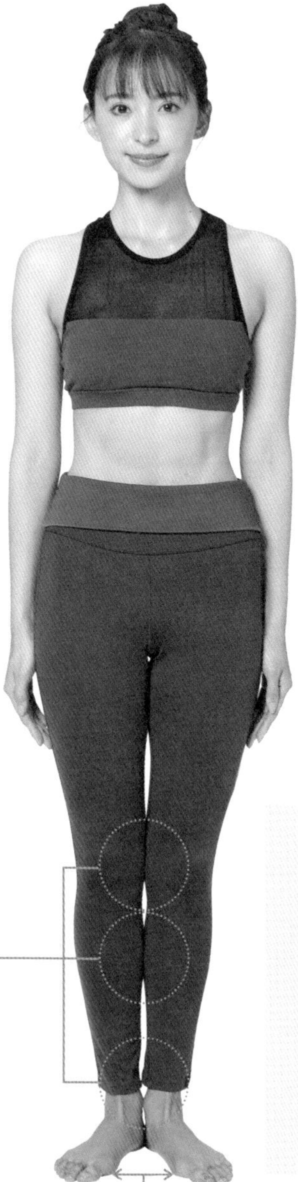

❶膝が正面に向く角度（人によって5～15度）でつま先を外に開く
❷膝、内くるぶし、ふくらはぎの3箇所をくっつける

NG

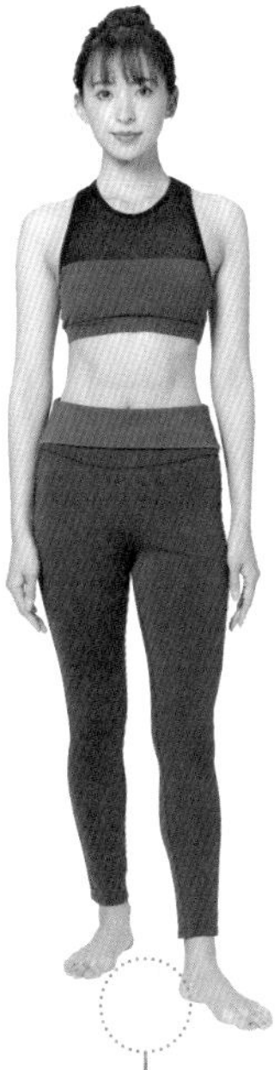

脚と脚が離れてしまうのは一本線の上を歩いていないのでNG

POINT

つま先を外に開く歩き方

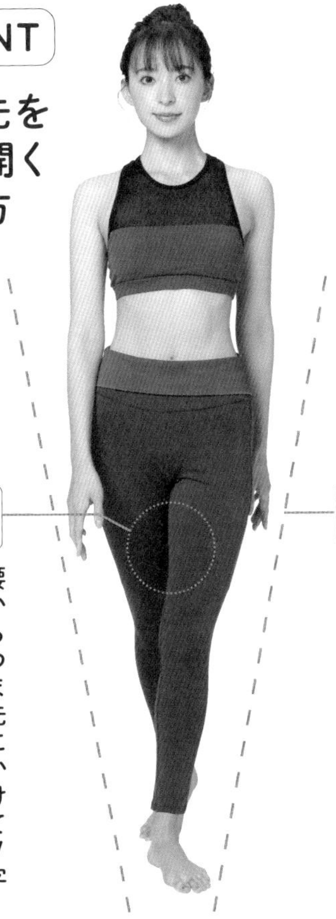

1 脚と脚の間が見えないように内ももを閉じる

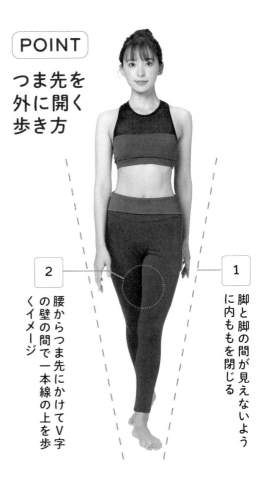

2 腰からつま先にかけてV字の壁の間で一本線の上を歩くイメージ

つま先を外に開くメリット

1 大転子が内側に引っ張られて、太ももの外ハリ解消

2 中殿筋を使うので、高い位置からお尻が始まりヒップUP

3 3点足法（P.43）で、足裏の筋肉を使うことで、他の筋肉も正しく使える

LESSON 2

下半身

内ももを締める

〝親指重心〟のくせをつけて歩くだけで内ももスッキリ!

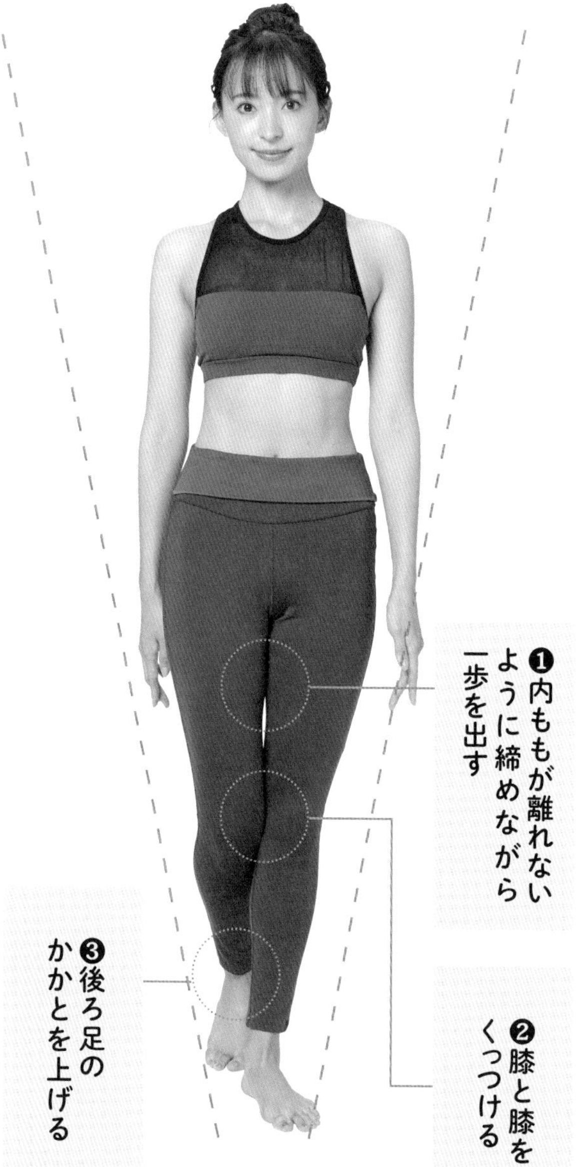
❶内ももが離れないように締めながら一歩を出す
❷膝と膝をくっつける
❸後ろ足のかかとを上げる

痩せポイント

内ももを締めることで、身体の重心が小指重心から親指重心に。親指重心だと、内転筋を使うので、腰周りがスッキリ!

NG

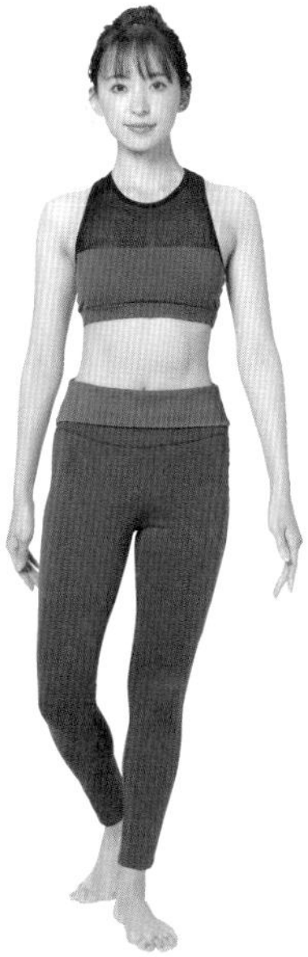

後ろの足の小指が地面についている小指重心の状態。この状態だと膝が開いてしまうのでNG。

POINT 内ももを締める歩き方

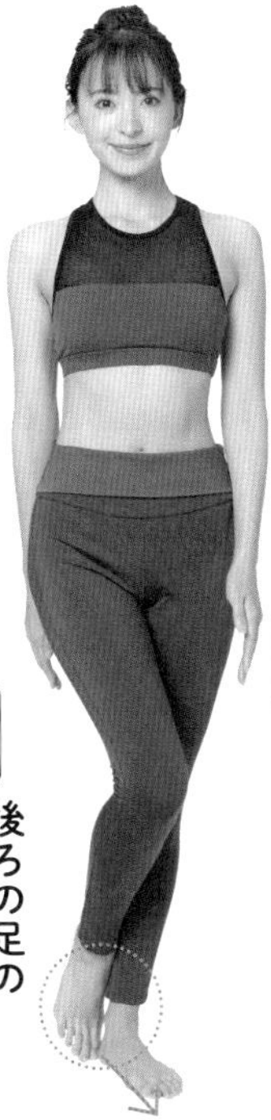

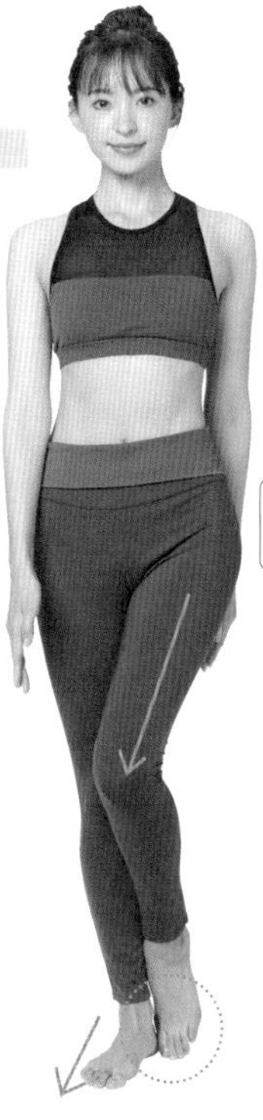

1 後ろ足の親指が地面につくように

2 膝を出す向きは前にある足のつま先と同じになるように

3 後ろの足の親指で前の足の側面をこするようにして前に出す

内ももを締めるメリット

1 親指重心で歩くことで、内側加重になり太もものハリ解消
2 膝をくっつけることで中心軸が意識できて体幹が整う
3 内転筋を使うので、足が閉じやすくなりO脚改善！
4 体全体のシルエットがVラインになり痩せ見え効果抜群

LESSON 3

上半身

おへそを凹ませる

正しい呼吸法で腹圧をかけましょう。

痩せポイント

おへそに力を入れることで、背中が丸くなるのを防ぎ、お腹周りもスッキリ！

❶鼻からたっぷり息を吸う
❷胸をふくらませて、高位置でキープ
❸息を吸った際に、お腹をふくらませない

NG

姿勢が悪いと、正しい
呼吸はできません。

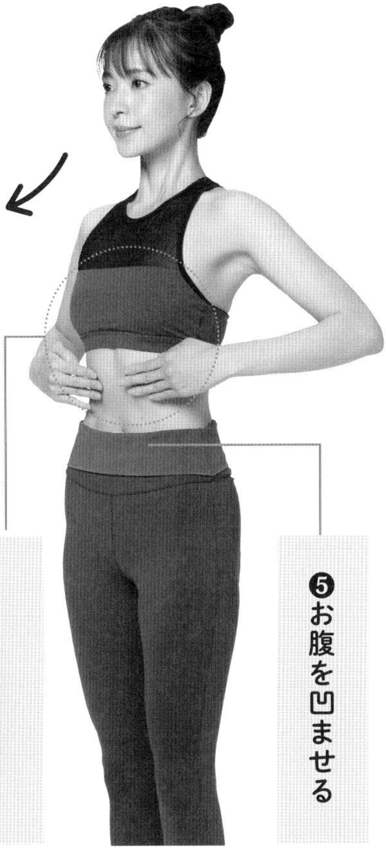
❹口から息を吐く
❺お腹を凹ませる
❻❷の胸の位置をキープする

おへそを凹ませるメリット

1 肋骨が引き締まり、アンダーバストがスッキリ！
2 この呼吸法で猫背予防に！
3 深い呼吸で酸素量がアップして、基礎代謝が上がる
4 おへそを凹ませるくせがつくと、ぽっこりお腹が解消！

LESSON 4

上半身

胸を持ち上げる

バストアップ効果や、脊柱のS字ラインが保たれ美姿勢がキープできます！

❶胸を肩ごと上に持ち上げる

❷腰は反らさない

痩せポイント

胸が持ち上がることで、バストが高い位置にあるように見えてスタイルアップ！

NG

“胸を持ち上げる”と“胸を前に出す”動作は間違いやすいので注意。胸が前に出ている=反り腰なのでNG。

POINT うまく胸を持ち上げるストレッチ

1
手のひらを上に向けて組む
2
息を吸いながら腕も上に上げる
3
背中は真っ直ぐ
4
3の胸の位置をキープしながら
5
組んだ手をゆっくり離して身体の横に
POINT
腰は反らさない

胸を持ち上げるメリット

1 呼吸と背骨が整うことで、自律神経が整う
2 胸の位置を上げるので、お腹周りがスッキリ
3 バストを高い位置でキープできる

LESSON 5

上半身

肩を落とす

LESSON4で胸と一緒に持ち上げた肩を落とします。

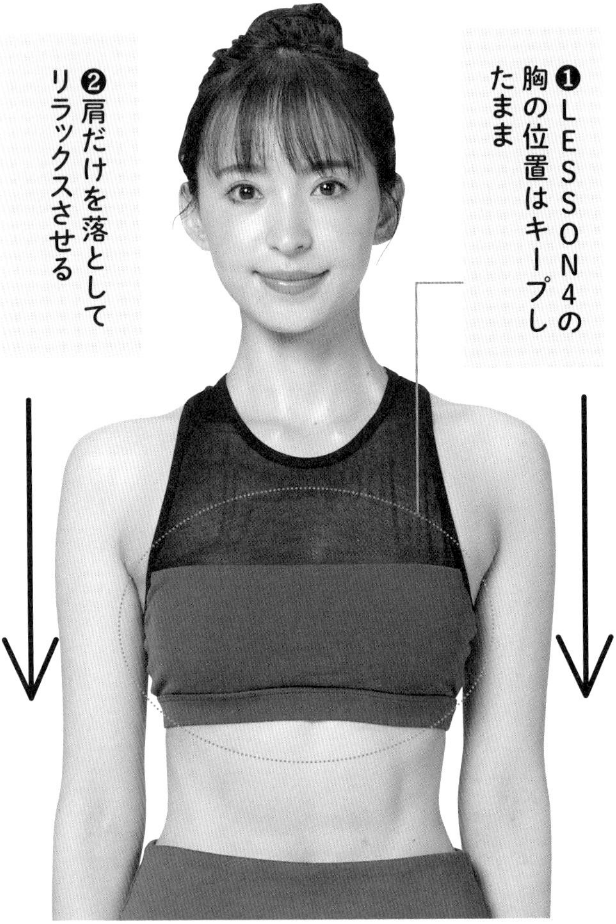

❶LESSON4の胸の位置はキープしたまま
❷肩だけを落としてリラックスさせる

痩せポイント

肩を落とすと、肩甲骨が正しい位置に戻るので、肩甲骨を正しく使えて、背中周りがスッキリします。

NG

首をすぼませたり、肩に力が入った状態はNG

POINT 肩を落とすストレッチ

1 両肩を引き上げる。首に力が入らないように注意

2 肩甲骨を中心に寄せるよう意識しながら、持ち上げた肩を後ろに回す

3 ②の胸の位置をキープしたまま、肩の力を抜いて肩を落とす

肩を落とすメリット

1 肩周りの筋肉がほぐれ、血行が良くなるので肩こり解消！

2 肩甲骨を正しい位置に戻すので、背中がスッキリ！

3 肩や首周りの緊張が緩和し、副交感神経が優位になるためリラックス効果！

4 肩を落とすことで、2～3cmほど首が長く見えて小顔効果も！

LESSON 6

上半身

首を立てる

ストレートネックや偏頭痛の改善にも効果的です。

痩せポイント

首が自然とやや後ろに下がるので、首周りがスッキリ！胸鎖乳突筋もキレイに見えます。

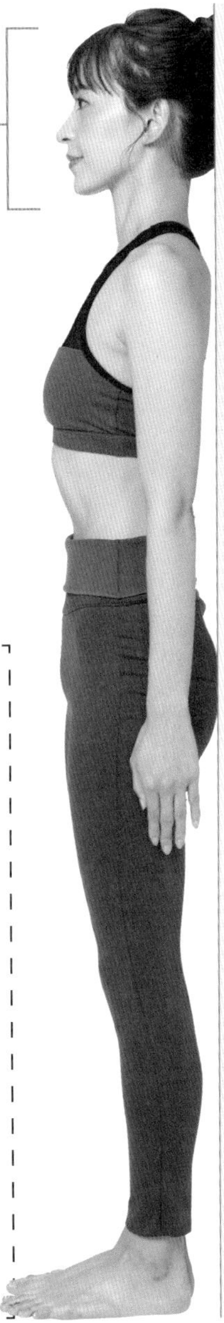

❷壁に真っ直ぐ立ち、壁にくっつける感覚で頭を後ろに持っていく

❶顔を正面に向ける

NG

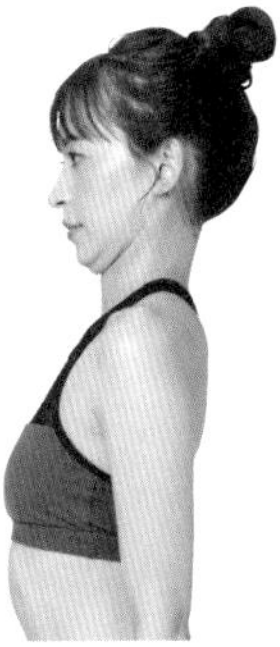

顎を引くのはNG。二重顎に見えてしまいます。

POINT 首を立てるストレッチ

1

頭を後ろに持っていき、顎を上げて上を見る。肩が上がらないように注意

2

人差し指を顎の先に軽く添える

3

ゆっくりと顎を下ろして顔を前に向ける。そのときに、添えた指よりも前に顎が出ないようにする

首を立てるメリット

1 首周りがスッキリ見えるので小顔効果！
2 血流の向上で頭痛緩和
3 ストレートネックの防止にも効果的

LESSON 7

上半身

口角を上げる

自然と目が開き、好印象も与えます！

痩せポイント

口周りの筋肉を使うので、輪郭がシャープに！ 口角と鎖骨を繋ぐ筋肉を使うのでリフトアップ効果も！

❶頬骨と口角の位置を意識する

❷頬骨と口角の距離を縮めるように口角を持ち上げる

POINT 口角を上げるストレッチ

鏡を見るたびに
やってみましょう♡

NG

ただ横に口を引くだけでは、口角は上がりません。しっかり持ち上げることを意識！

1
頬骨と口角の間の筋肉をつかむ
2
笑顔になるようにつかんだ筋肉を持ち上げる

口角を上げるメリット

1 頬のたるみにアプローチするので、ほうれい線の予防&緩和に！
2 口周りの筋肉を使うので、顔がスッキリ！
3 目の周りの筋肉も使うので、目が開いてパッチリとした目元に！
4 自然と笑顔になるので、好感度UP！

LESSON7までの動きを動画でCheckしてみましょう!!

読者レポート

「歩トレ」で人生、変わりました!!

「歩トレ」で歩き方を変えただけで、世界が180度変わって掴みたい未来を掴み取ったTさん。「歩トレ」で身体も心も人生までも激変したエピソードを取材しました！

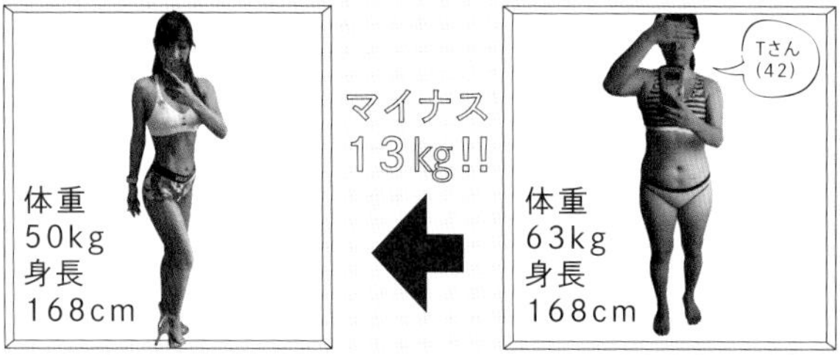

「私なんて……」が口癖のネガティブだった私。娘の自分にそっくりな姿に一念発起！

離婚をきっかけに「私なんて……」と、見た目も冴えなくて、ネガティブな自己肯定感も低い人間でした。ですが、娘が「私なんて、できないもん」と、まるで自分の写し鏡のような発言が増えたことをきっかけに、〝自分が変わらないと娘も変わらない〟。そう思い、まずは見た目を改善するためにダイエットを決意しました。

食事制限だけで、半年で体重が63kgからマイナス13kgの50kgの減量に成功しました。ですが、ダイエットの知識がまったくなかったので、糖質と脂質を一気に抜いてしまい、肌は乾燥しカサカサに、髪もパサパサで抜けるように……。そして過度な食事制限により心のバランスも崩してしまいました。

「歩トレ」のウォーキングに出会ったら、食事制限もしないままに体型キープ！

「痩せてコンテストに出場したい」という気持ちから、いろいろな先生のところでウォーキングを学びました。その中でも、大祐先生の「歩トレ」は身体や筋肉の使い方まで詳しく教えてくれたんです。

「歩トレ」に出会ってから、厳しい食事制限をすることもなくなりました。だって通勤や買い物や家の掃除中だって勝手にトレーニングになるんですもの！　それからは自宅での自重トレーニングとウォーキングで十分ボディメイクもできるようになり、基礎代謝もアップ。

〝歩く時間はすべてトレーニング〟だと考え、「歩トレ」を意識して歩幅や姿勢に気をつけるよう歩いています。

歩トレに出会うまでは、必ず通っていた整体とエステ。気づくと不要に！

実は、自覚症状がないひどい猫背と巻き型で、長年腰痛と肩こりにも悩まされていました。誰かにどうにかしてもらいたくて、他力本願で頻繁に痩身エステや整体にも通っていました。

ですが、「歩トレ」を始めて半年も経たないうちに、身体のバランスが整い、腰痛と肩こりが解消されたことを実感。胸を持ち上げる動きで猫背も改善し、1年ぐらいで身体のラインもびっくりするくらい変わりました。

人目に触れずにひっそりと生きてきた私。そんな私が世界へ挑むようになりました。

身体の姿勢を正したことで、マインドも変化しました。今までネガティブだった気持ちがなくなり、「会社を辞めて講師として開業」「ミセスプチグローバルの日本代表として世界大会に出場する」といった、挑戦したい気持ちが湧くようになりました。とにかく人目につかないように生きてきた私ですが、たった数年で、見た目も心も環境までも変われました。もし今、自分を変えたいと思っている人がいたらぜひ「歩トレ」を試してみて欲しい！　歩くだけですから、本当にすぐできるので騙されたと思ってやってみてください（笑）

アラサー&アラフォーがレポート

「歩トレ」体験しました!!

編集M(37)とデザイナーT(42)が身体を張って歩トレレポート! 歩くだけってなめてた2人。さて、どうなることやら……。

デザイナーT(42)

筋肉がうまく使われていないダラダラ歩き

デスクワークによる巻き肩とお腹に力が入っていないのもありダラダラとした前のめりな歩き方に。手の振りが小さいと指摘される。

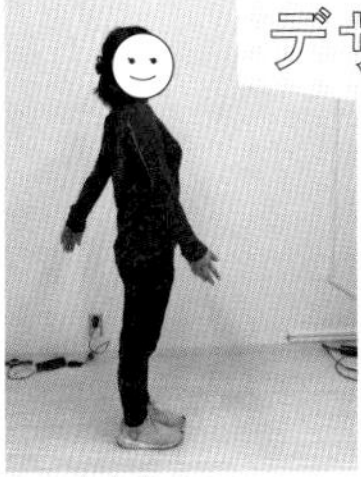

腕を後ろに引くことで二の腕の引き締めトレーニングにもなる!

まずは正しい姿勢で立ち、腕を振る練習からスタート。手を自然に下ろしているはずなのに、巻き肩のせいで手の位置が前に出ているとも言われる(涙)。親指の位置は、ボトムのサイドの縫い目の上にくるよう意識するのがポイント。そして、前よりも後ろに大きく手を振る動作を繰り返す。

歩き方を意識するだけで筋肉をしっかり使っているのが分かる!

まだまだ前に大きく腕を振り気味ではあるものの、後ろに引くことを意識するだけで、自然と胸が上がって目線も前に。二の腕と肩甲骨周りの筋肉のトレーニングに繋がっていることを実感しました。

編集M(37)

膝が曲がって“ひょこひょこ”した歩き方

ヒールを履いて歩くときに起こりがちな、前重心と膝が曲がった状態に。O脚のせいでガニ股に見えるのも悩み。

7つの動きを意識してひたすら歩いてみる

まずはヒールを履かずに、「つま先を外に開く」「内ももを締める」など、7つの動きを意識して何度も歩く。そうすることで自然と正しい姿勢と歩き方が身に付くとのこと。後にヒールを履いたら、歩き方がとてもキレイに変わってた!

AFTER

BEFORE

歩トレを続けたら自然とO脚が細く真っ直ぐに!

腹圧をかけること、内ももを締めることを意識するだけで、姿勢がキレイなり、O脚も改善! 脚が縦に細く強調されて美脚に見える!

シューズ別の歩き方をマスターして いつでもどこでも“歩トレ”

７つの動きにプラスして、ヒールやスニーカーでの歩き方もマスターして、「歩トレ」を日常化させましょう。

ヒールウォーキング

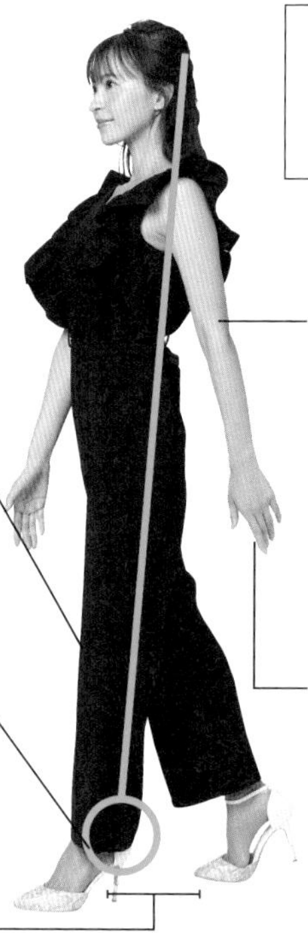

歩幅を広げて歩く

内ももを締めるよう意識しながら縦に「靴ひとつ分」歩幅を広げて歩くとキレイに見える！

膝を曲げない

ヒールのあるタイプだと、かかととつま先が同時に地面につき、膝が曲がりやすいので注意！

重心はくるぶしの下

着地した足のくるぶしの下あたりに、耳・肩から真っ直ぐに身体の重心がくるよう意識。

腕を後ろに引いて歩く

腕は前よりも、少し後ろへ引くように振ると、背中のラインがキレイになります。二の腕痩せにも効果的。

指先も美しく

指先は自然な感じで真っ直ぐにします。これができる人は普段の生活も整っている証拠。

NG

ヒールのあるタイプだと、つい前重心になりやすく、膝が曲がり、腕や首が前に出がち。前ももが太くなるうえ、膝に負担がかかるので注意！

着地点を確認

かかとと母指球の2点同時に着地すると、真っ直ぐ立つことができ、次の一歩も踏み出しやすくなる。

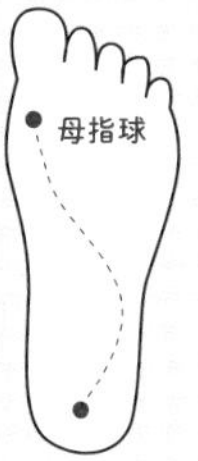

スニーカーウォーキング

首を立てて目線は真っ直ぐ前を見る

首を立てることで、顎の上げすぎや引きすぎ防止になり、自然と目線が上がるので、正面を見て歩くことができます。

腕を後ろに引いて歩く

腕を後ろに引いて歩くと、腕周りの筋肉を使うので、二の腕痩せにも！

歩幅を広げて歩く

歩幅を広げて歩くと、もも裏のハムストリングスを使うので、ヒップアップ効果が！

頭・胸・膝を一直線上にする

一歩踏み出したときに、頭から膝まで一直線になるように。

かかとに重心を置く

前のめりにならないよう、背中を真っ直ぐにして、かかとに重心がくるよう意識しましょう。

NG

歩幅が狭く、上半身が前傾しているのはNG。前ももに力が入り、足が太くなることも！

着地点を確認

かかとから着地→小指球→母指球へと足裏を着地させる「3点足法」が重要。この歩き方によって土踏まずが鍛えられる。

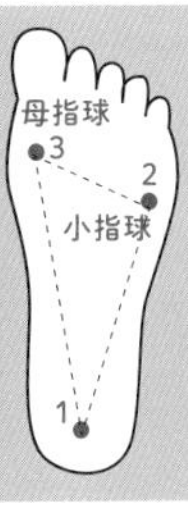

階段の上り下りも
正しい歩き方でスタイルアップ

日常の動作である“階段の上り下り”も意識すれば、たちまちトレーニングに！

階段を下りる

顔の向きは進行方向

目線は進行方向が理想。足元を見るときは、上体を倒さず、目線を下げるだけに。

おへそを凹ませながら

腹圧をかけることで猫背にならず、美しい姿勢をキープ！

上体を起こす

しっかり上体を起こして、身体の軸を真っ直ぐ保ちながら下りましょう。

重心は垂直に落とす

一方の足が下段についた瞬間、その足の真下にストンと重心がくるように。

NG

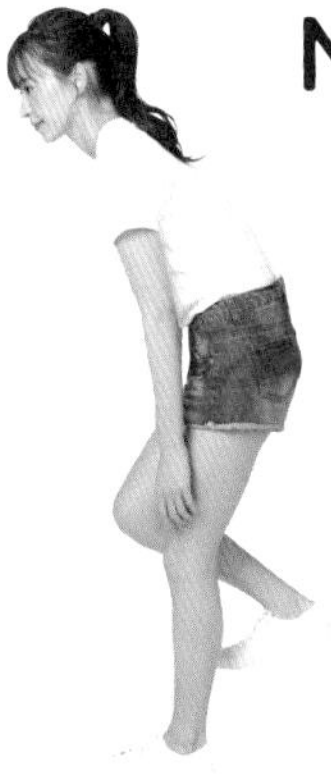

足より前に頭が出る姿勢は、NG。筋トレにもならず、バランスを崩して転倒する恐れも。

階段を上がる

顔の向きは進行方向

足元を見がちなので、進行方向に視線を向けて身体のバランスを保とう！

背面を一直線に

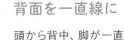

頭から背中、脚が一直線になるよう、背面の筋肉を意識。

ヒップアップ効果

もも・腰周り・お尻の筋肉を使うと、ヒップアップ効果が狙えます。

重心を母指球の上に

着地足の母指球（P.42）の上に、頭・膝頭が一直線になるように重心を下ろします。

NG

背面が一直線になっていないのはNG。前ももばかりを使うので疲れやすく、脚が太くなることも！

column

スマホやデスクワークで急増中の“巻き肩”は要注意なくせ！

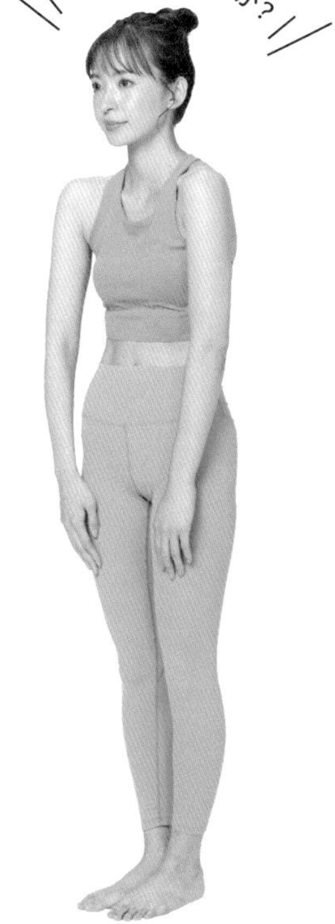

今、スマホの普及やデスクワークの増加で“巻き肩”になってしまっている人がとても増えています。巻き肩は、顔が前に出てしまっているので、首・背中に大きな負担がかかることで、筋肉がこわばり、元の姿勢に戻しづらくなります。放置しておくと肩こりや首こり、腰痛の原因になりますし、肺が縮まった状態なので、呼吸が浅くなる原因にもなります。
何より、顔が前に出て、猫背気味になり、胸の位置が下がるので全く美しくなく、“歩トレ”の姿勢や歩き方ができていない状態です。
ぜひ、次のページで紹介するストレッチで巻き肩解消を意識してみてください！

巻き肩解消ストレッチ

1

胸を持ち上げた状態で、手のひらが外側になるよう片腕を外側にひねり、身体の側面に手をそわせる。

2

もう一方の手を、胸と肩の間に置く。

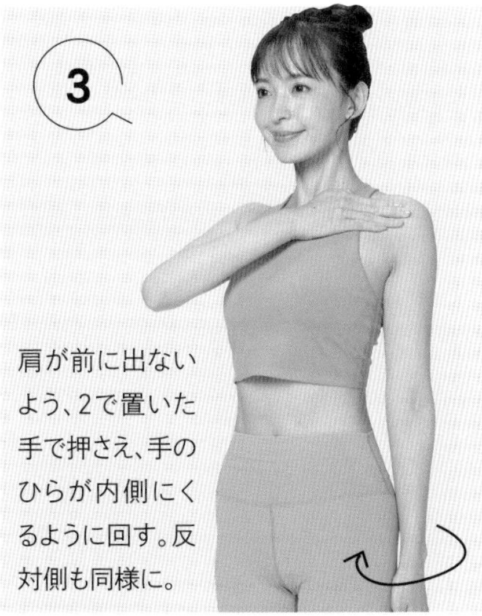

3

肩が前に出ないよう、2で置いた手で押さえ、手のひらが内側にくるように回す。反対側も同様に。

4

巻き肩を解消すると、猫背改善やバストUP効果も！

column

思考と行動の関係を保つのは姿勢を正すことが一番の近道！ 2

歩幅が広い人は、血流がアップし、筋肉をしっかりと使うのでテストステロン（男性ホルモン）の分泌量が増えるといわれています。これらがアップすることによって、やる気が出たり自信やガッツに繋がるでしょう。
逆に、歩幅が狭い人は、広い人に比べ、日常での筋肉の使用が少ないので、内気だったり消極的な人が多い印象です。踏ん張りが利かず、大事なときに力を発揮できなかったりすることも。
また、体幹の中心であるおへそに意識がなく、常に背中を丸くした姿勢の人は、どこかやる気がなく暗い印象に見えてしまいますし、物事を諦めやすくなったり、疲れやすくなりやすいと思います。

このように、歩き方や姿勢と思考、行動、性格は繋がっていて、本書の「歩トレ」を意識することで、いざというときに踏ん張りが利いたり、しっかりとした判断と持久力を発揮できたりします。そして、あなた自身の気持ちもポジティブに変化します。

姿勢を整えて自信があるような振る舞いをするだけで、チャンスはたくさん訪れます。周りからの印象も変化し、あなたの行動自体もどんどんプラスへと変わるでしょう。

第２章

骨格タイプ診断

世の中で良いとされるものすべてが、必ずしも自分にとって有効なわけではなく、「合う・合わない」を見つけることが大切です。この章では、自分がもともと持っている骨格や似合うスタイル・ポテンシャルや魅力を知って自信を持つことができます。まずは自分を受け入れ「自分の良さ」を認めてあげることから始めてみましょう。

骨格タイプ診断は自分を知るツール
自分を知って、もっとキレイになりましょう！

「骨格タイプ診断」は、あなたの魅力を知るためのツールです。

どの骨格タイプの人も体型に対するコンプレックスがあると思いますが、見方を変えればそのコンプレックスは他の人が持っていないあなただけの魅力です。

脂肪や筋肉の付き方は骨格別で異なるので、太っても痩せても、年齢を重ねても、骨格タイプは、基本的に変わることはありません。自分の骨格タイプを知り、そのタイプに合ったエクササイズで体型をブラッシュアップすることで自分の魅力を引き上げられます。

「好きか嫌いか」でものを選ぶのは楽しいですが、

「自分に似合う、似合わない」という選び方も大切です。自分の骨格タイプを知ることによって、自分に似合うものの区別がつくようになります。そして周りからの見え方も知ることができるので、どんな風に見られているのかや、周りから求められる姿、自分の強みをわかり、活かすこともできます。

人は姿勢や歩き方、仕草、動作で印象を変えることができます。さらに自分の骨格タイプを知れば、自分では気付かなかった自分の魅力や、見せ方などもわかるので、今よりももっと美しく見せることができます。

なりたい印象があるのなら、まずは少しずつ変化させてみましょう。そうすることで、自然とあなたが求めていた理想の扱われ方を周囲からされるようになります。

そして、行動することによって変化が筋肉から神経、神経から脳に伝わり、考え方も求めていた考え方に変わっていきます。

自分を客観的に見るのはとても難しいことで、自分の理想と現実を比較して少しネガティブになってしまうこともあるかもしれません。ですが、自分がコンプレックスだと思っているところは、あなただけの魅力です。まずは、自分のことを認めてあげることから始めてみてください。

骨格タイプ診断 セルフチェック!

骨格の特徴や筋肉・脂肪の付き方などで、似合う服をはじめ、魅力を引き出すトレーニング方法も異なります。本書では「Iライン」「Aライン」「Xライン」「Vライン」の４つの骨格タイプに分けて、その人がなりたい自分に近づけるようアドバイスします。ぜひセルフチェックで自分の骨格タイプを診断して、スタイルアップを目指してください。

STEP1 | デコルテの特徴は?

胸が薄めで胸の始まり位置が低い ……… I ……… A ☐

胸板が厚めで胸の始まり位置が高い ……… X ……… V ☐

STEP2 | あばらの特徴は?

でっぱっている ……… I ……… A ☐

でっぱっていない ……… X ……… V ☐

STEP3 | 横から見たお尻の厚みと位置は?

薄く低い位置 ……… I ……… A ☐

厚く高い位置 ……… X ……… V ☐

STEP4 | 膝の大きさは?

膝のお皿が長方形で大きく、ゴツゴツしている ……… I ……… A ☐

膝のお皿が丸く、小さい ……… X ……… V ☐

STEP5 | 足首のくびれは？

足首がくびれていない ……… I ……… A

足首がくびれている ……… X ……… V

STEP6 | 手首の骨の形は？

手首の骨が楕円 ……… I ……… A

手首の骨が丸い ……… X ……… V

STEP7 | うしろから見たお尻の形は？

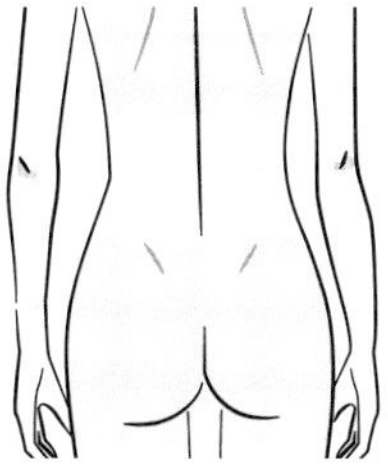

お尻が平たく四角く見える ……… I

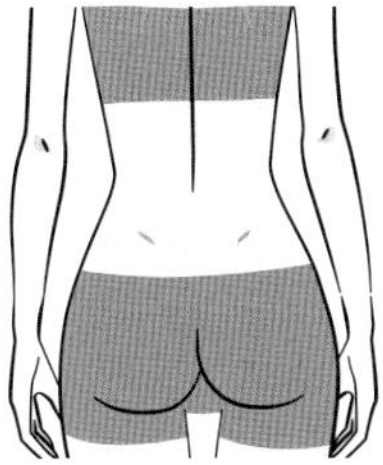

下にボリュームがあり、逆ハート型に見える ……… A

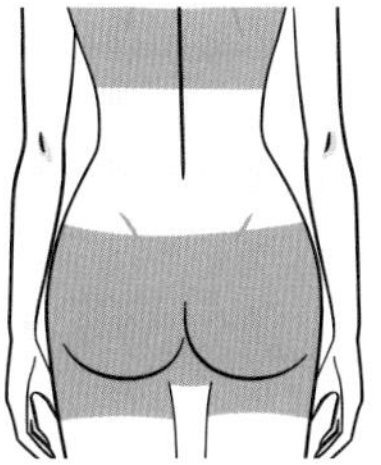

お尻が丸く、高い位置から出ている ……… X

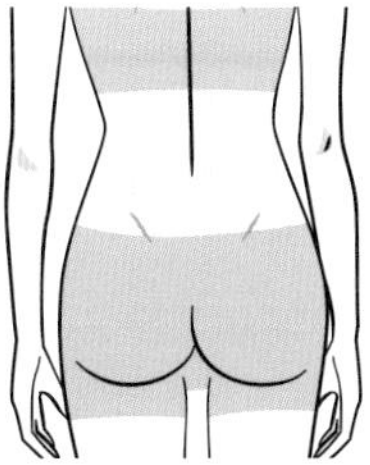

お尻が丸く、横に広がって見える ……… V

STEP8 | 鎖骨の特徴は？

鎖骨が太くて浮きでている ……… I

鎖骨が細くて、はっきり浮きでている ……… A

鎖骨がやや細く、うっすら浮きでている ……… X

鎖骨が太く、浮きでていない ……… V

STEP 9 | 首と肩の角度は?

首が長くて、首から肩にかけて直角のカーブ　　　　………… I　☐

首が細くて、首から肩にかけて直角に近いカーブ ………… A　☐

首から肩にかけて、少し厚みがありなだらかなカーブがある ……… X　☐

首から肩にかけて厚みがあり、あまりカーブがない　　……… V　☐

STEP 10 | 指の特徴は?

関節が目立つ長い指 ………………………………… I　☐

関節が目立たず、細くて長い　　　　………………… A　☐

手のひらと指の長さが同じくらいの長さ　………… X　☐

プクッとした丸みがある ……………………………… V　☐

STEP 11 | ウエストの形は?

くびれが目立ちにくく、腰骨がはっきりしている ………… I　☐

くびれが目立ちにくく、腰の位置が低い　………… A　☐

くびれていて、腰の位置が高い　　　　　　………… X　☐

くびれがあり、腰の位置が高く、腰周りにボリュームがある ……… V　☐

STEP 12 | 脚の特徴は?

骨と関節が目立つ ………………………………………… I　☐

太ももとふくらはぎは筋肉より脂肪が目立つ　………… A　☐

太ももとふくらはぎの外側に筋肉が付く ………… X　☐

膝下が長く、太もものボリュームに比べてふくらはぎがスリム ……… V　☐

STEP 13 | 全体の印象は？

筋肉が付きづらく、骨が目立ちやすく上半身と下半身の体型の差が少ない …… I ☐

上半身は薄く華奢で、下半身にボリュームが出やすい …… A ☐

バスト・ヒップにボリュームがつきやすく、脂肪の多寡・身長にかかわらずくびれが目立ちやすい …… X ☐

全体的に体格がガッシリしていて筋肉質 …… V ☐

チェックが多かった骨格タイプがあなたのタイプです。自分のタイプをチェックしましょう。

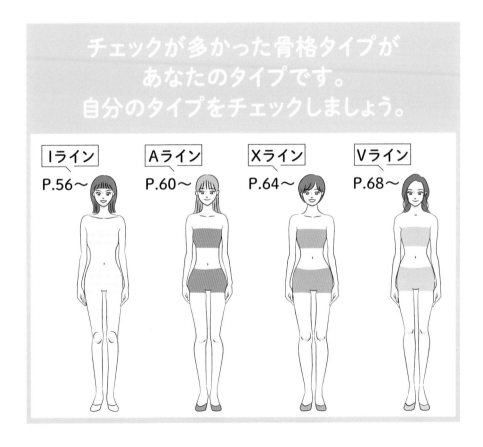

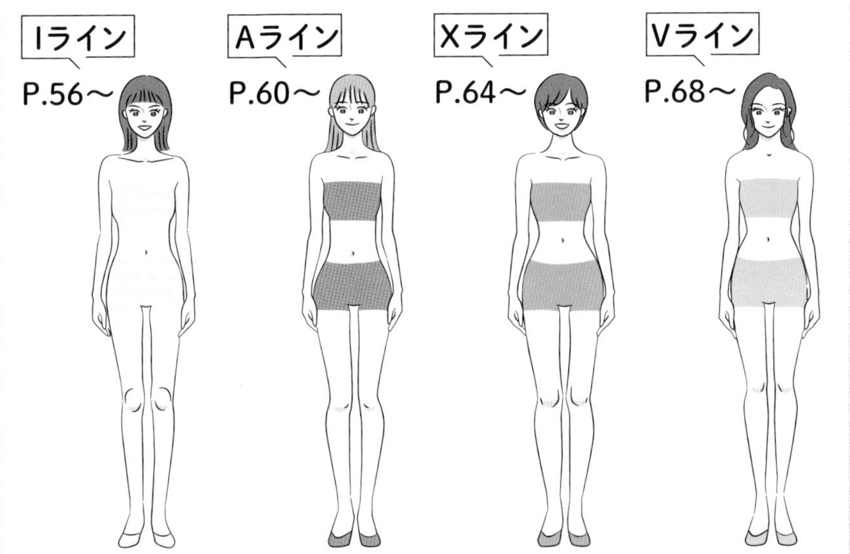

Iラインタイプ

体型

筋肉が付きづらく、骨が目立ちやすく上半身と下半身の体型の差が少ない。

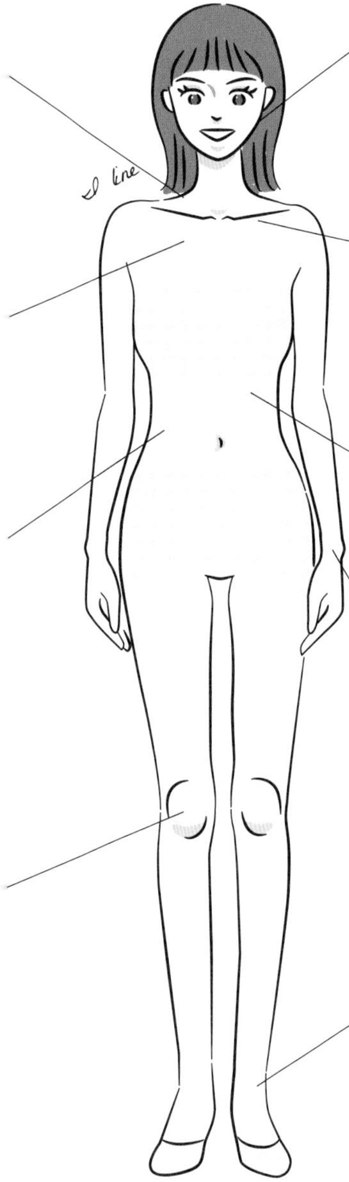

顔

ベース形
菱形

鎖骨

鎖骨が太くて
浮きでている

あばら

でっぱって
いる

手首

手首の骨が
楕円

足首

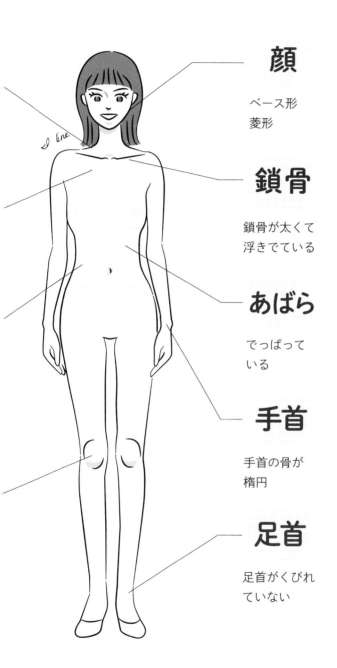

足首がくびれ
ていない

首と肩

首が長くて、首から
肩にかけて直角のカーブ

デコルテ

胸が薄めで胸の
始まり位置が低い

ウエスト

くびれが目立ちにく
く、腰骨がはっきり
している

膝

膝のお皿が長方形で
大きく、ゴツゴツし
ている

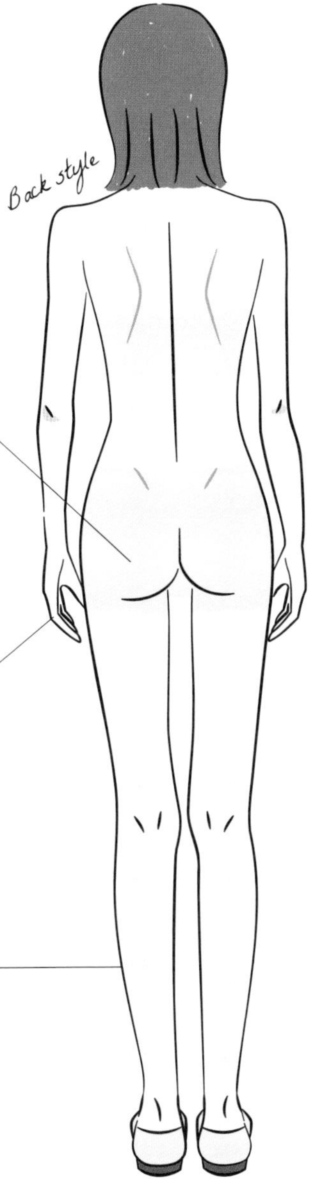

お尻

薄く低い位置
お尻が平たく四
角く見える

指

関節が目立つ
長い指

脚

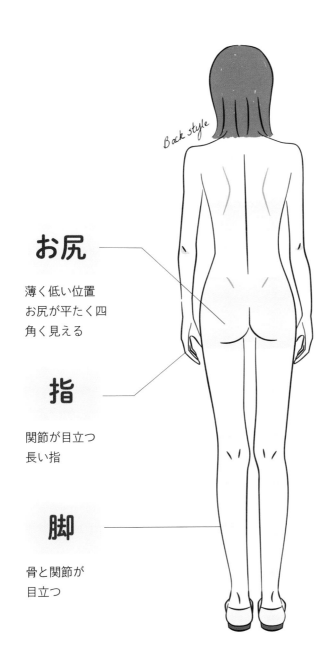

骨と関節が
目立つ

Iラインタイプの印象と性格

性　格	印　象
気が強く一匹狼に見られるが実は人なつっこい。フットワークが軽く、興味があることに対して即実行。器用で新しいことへの飲み込みが早い。チャレンジ精神が旺盛。	・クール系 ・カッコイイ系 ・ランウェイモデル系 ・アーティスト系

Iラインタイプにおすすめの ファッションアイテム

ざっくりとしたオーバーサイズのものやオーガニック素材、ナチュラルでデザイン性のあるものが似合います。シンプルなものや薄手の素材は、骨格が目立ち貧相に見えるので注意しましょう。

アイテム

- カシュクールワンピース
- オーバーサイズアイテム
- 40cmネックレス
- ローゲージニット
- ダメージデニム
- ワイドパンツ
- マキシ丈スカート

素材

麻、綿、リネン、ムートン

Iラインタイプさんの好印象度をアップさせる歩き方

歩き方

テンポを速くシャープな印象

ストレートウォーク

シルエットがＩに見えるように脚を閉じて真っ直ぐ歩きましょう。Ｉラインタイプは肩甲骨がキレイに見えるので、腕を後ろに振って歩くのがポイント。歩幅を広くとり、テンポアップして歩くと、カッコ良くクールな印象がサマになります。

さらに魅力を引き上げるエクササイズをCheck!

→ P.76

Aラインタイプ

体型

上半身は薄く華奢で、下半身にボリュームが出やすい。

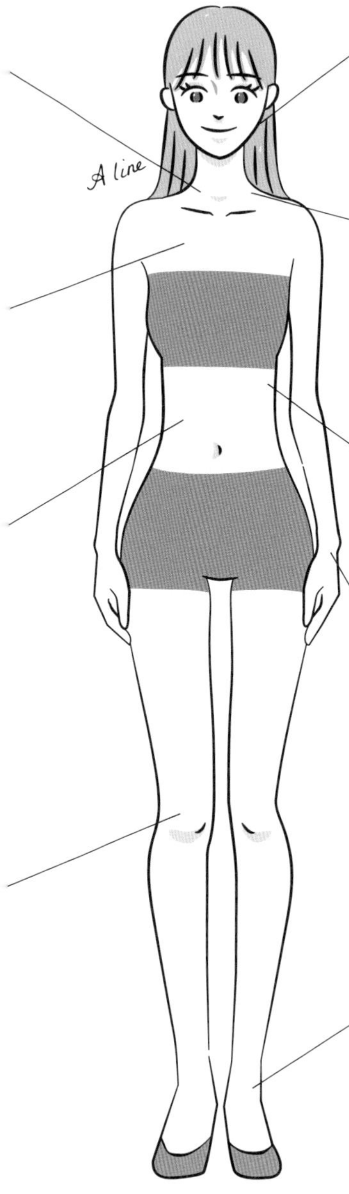

顔

逆三角形
卵形

鎖骨

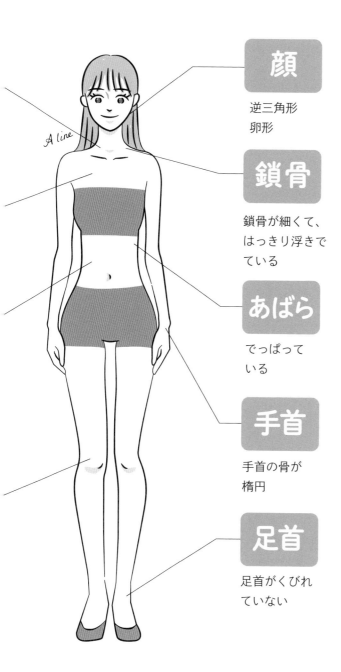

鎖骨が細くて、はっきり浮きでている

あばら

でっぱっている

手首

手首の骨が楕円

足首

足首がくびれていない

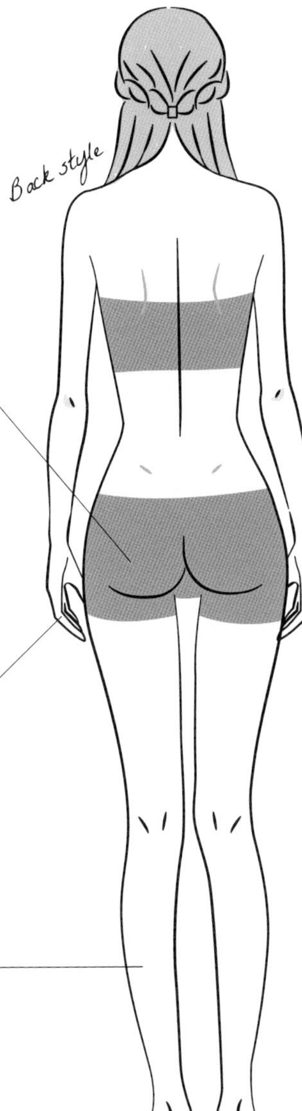

首と肩

首が細くて、首から
肩にかけて直角に近
いカーブ

デコルテ

胸が薄めで胸の
始まり位置が低い

お尻

薄く低い位置
下にボリュームが
あり、逆ハート型
に見える

ウエスト

くびれが目立ちにく
く、腰の位置が低い

指

関節が目立たず、
細くて長い

膝

膝のお皿が長方形で
やや大きく、ゴツゴ
ツしている

脚

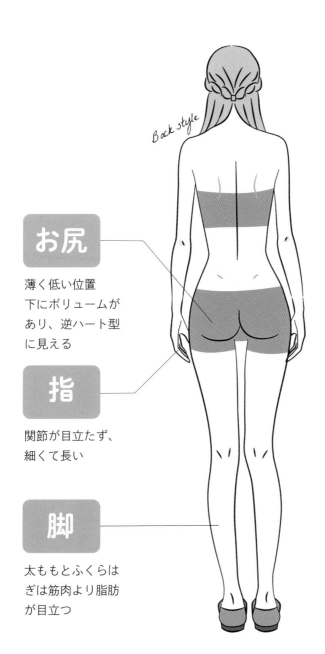

太ももとふくらは
ぎは筋肉より脂肪
が目立つ

Aラインタイプの印象と性格

性格	印象
おっとりしていて、慎重派。コツコツ進めて最後までやり遂げるタイプ。素直で実行力があり、人当たりも良い。情にもろい部分もあり、人に流されることも。	・真面目で良い人 ・癒し系 ・マネージャー系 ・学級委員系 ・優しそう

Aラインタイプにおすすめのファッションアイテム

下半身のハリをカバーするアイテムや、首元にボリュームのあるものがおすすめ。胸元の開いたものや、丈の長いトップスは、太って見えやすいので注意！

アイテム

・アンクルパンツ
・膝下タイトスカート
・プリーツスカート
・ショート丈アウター
・マキシ丈ワンピース
・オフタートルニット
・45cmネックレス

素材

シフォン、ベロア、
スウェード、ファー、レース

Aラインタイプさんの 好印象度をアップさせる歩き方

歩き方

リラックスした自然な歩き方

カジュアルウォーク

下半身を使ってしっかりとつま先で蹴り出すようにして歩きましょう。揺れずに真っ直ぐ、テンポはゆっくり目に歩くことでやわらかいクリアな印象になります。

さらに魅力を引き上げる
エクササイズをCheck!

→ P.80

Xラインタイプ

体型

バスト・ヒップにボリュームがつきやすく、脂肪の多寡・身長にかかわらずくびれが目立ちやすい。

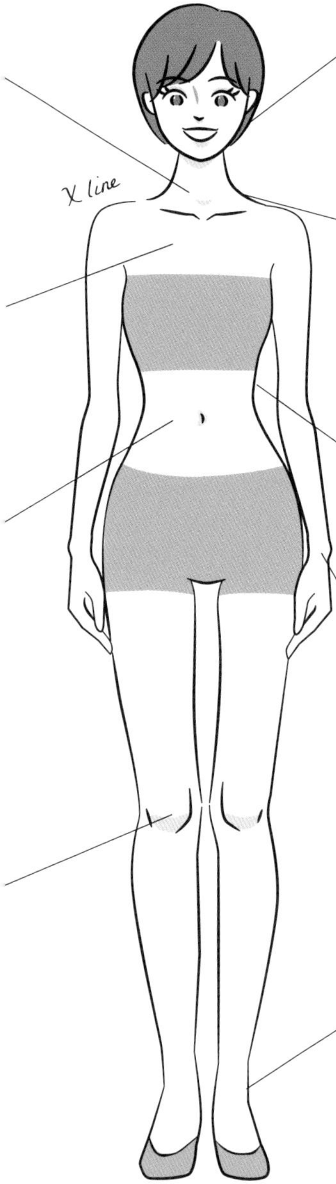

顔

丸顔
卵形

鎖骨

鎖骨がやや細く、うっすら浮きでている

あばら

でっぱっていない

手首

手首の骨が丸い

足首

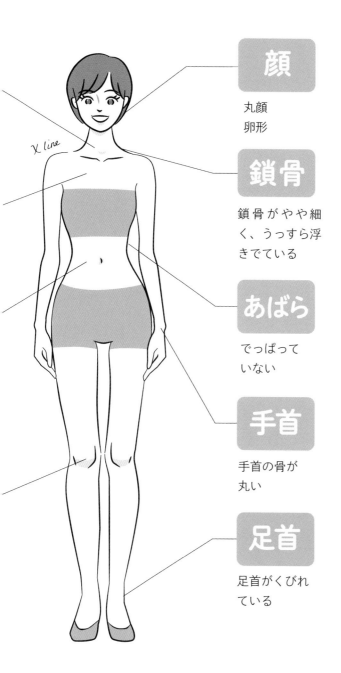

足首がくびれている

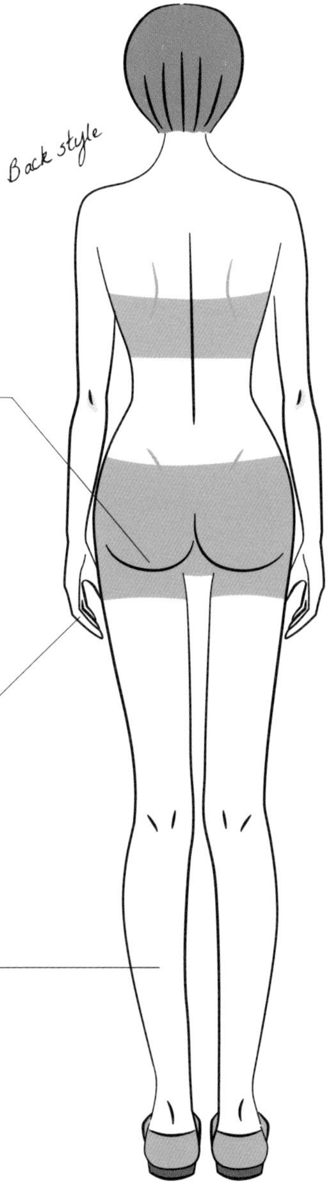

首と肩

首から肩にかけて、
少し厚みがありなだ
らかなカーブがある

デコルテ

胸板が厚めで胸の
始まり位置が高い

ウエスト

くびれていて、腰の
位置が高い

膝

膝のお皿が丸く、や
や小さい

お尻

厚くて高い位置
お尻が丸く、高い
位置から出ている

指

手のひらと指の長
さが同じくらいの
長さ

脚

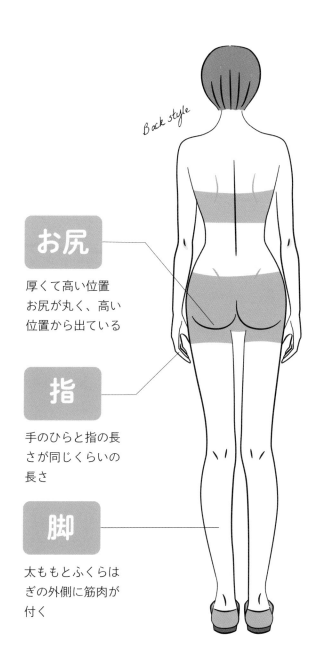

太ももとふくらは
ぎの外側に筋肉が
付く

Xラインタイプの印象と性格

性　格	印　象
好奇心旺盛で周囲から可愛がられる。頑張り屋さんで少しツンデレなところもあり、わがままが通用することも。	・キュート系 ・清楚系 ・妹系 ・アイドル系

Xラインタイプにおすすめのファッションアイテム

上下またはどちらかの丈が短いアイテムや、揺れるものを身に付けて歩くと存在感がアップします。ウエスト周りにボリュームがあるものはスタイルが悪く見えます。

アイテム

・ミニスカート
・タイトワンピース
・キャミソールワンピース
・ジャケット&ショートパンツのセットアップ
・50cmネックレス
・フリルアイテム
・ショート丈ニット

素材

チュール、デニム、ウール

Xラインタイプさんの
好印象度をアップさせる歩き方

歩き方

腰をスウィングする

ビクシーウォーク

腰をスウィングさせるように歩き、腕は自然に身体の横で揺れるように振って歩きましょう。腰から歩くことで、リズミカルな揺れが骨格の魅力を引き立てます。さらにテンポアップして歩けばキュートな印象にも見えます。

さらに魅力を引き上げるエクササイズをCheck!

→ P.84

Vラインタイプ

体型

全体的に体格がガッシリしていて筋肉質。

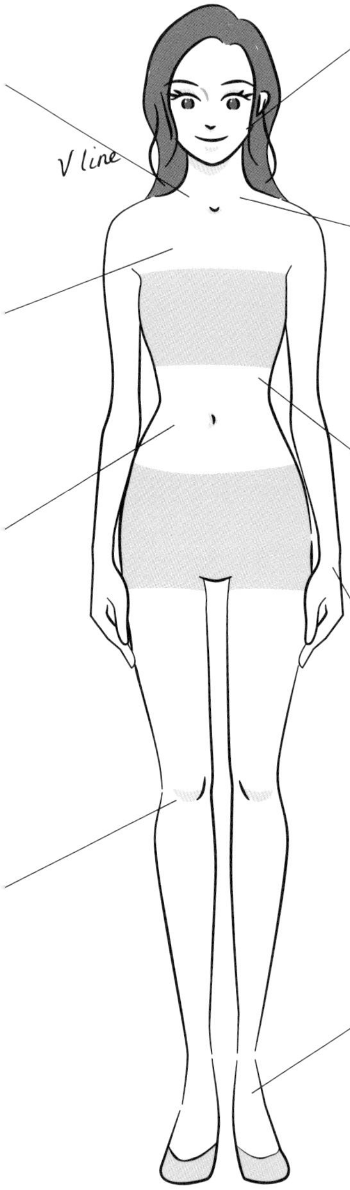

顔

ベース形
面長

鎖骨

鎖骨が太く、
浮きでていない

あばら

でっぱって
いない

手首

手首の骨が
丸い

足首

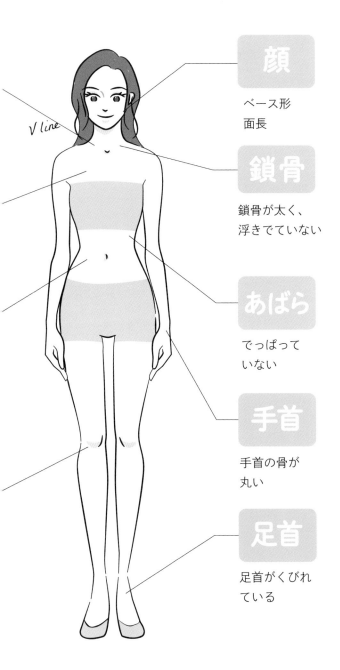

足首がくびれ
ている

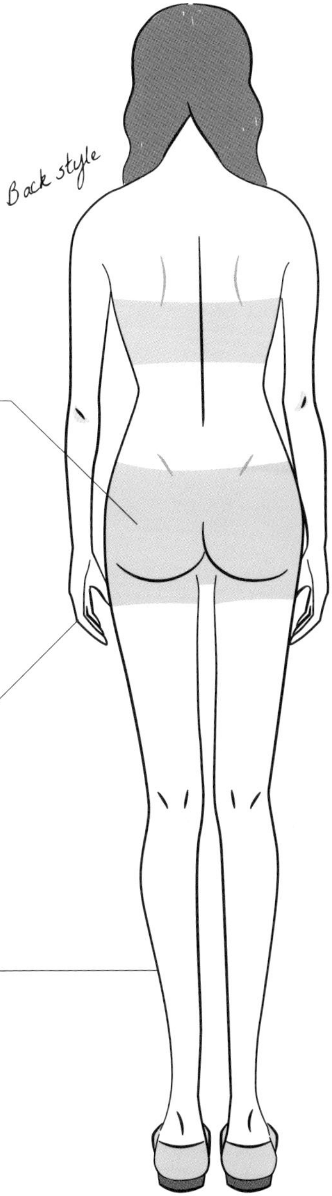

お尻

厚く高い位置
お尻が丸く、横に広がって見える

指

プクッとした丸みがある

脚

膝下が長く、太もものボリュームに比べてふくらはぎがスリム

首と肩

首から肩にかけて厚みがあり、あまりカーブがない

デコルテ

胸板が厚めで胸の始まり位置が高い

ウエスト

くびれがあり、腰の位置が高く、腰周りにボリュームがある

膝

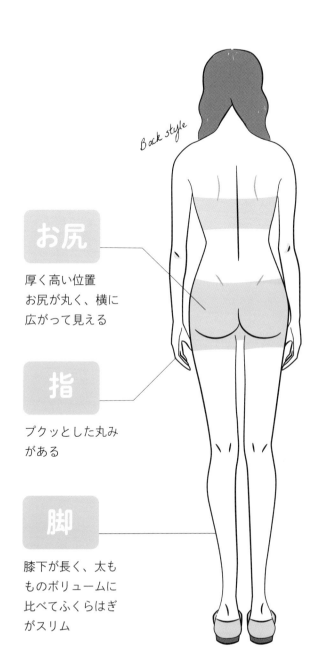

膝のお皿が丸く、小さい

Vラインタイプの印象と性格

性格	印象
行動力があり、リーダー気質。大人っぽく、存在感がある。明るくしっかり者で意志が強く、周りを巻き込みながら成し遂げるまでがんばるタイプ。	・ゴージャスな雰囲気 ・エレガント系 ・キャリアウーマン ・リーダー系

Vラインタイプにおすすめのファッションアイテム

上質な素材やハリのある素材感のものが似合います。膝や足首を出したボトムスは脚を細くキレイに見せる効果も。上下ともタイトなものや、オーバーサイズのものは避けましょう。

アイテム

・ストレートパンツ
・膝上ワンピース
・ロングコート
・ハイヒール
・ジャストサイズジャケット(きれいめ)
・タイトシャツ
・55cmネックレス

素材

綿、シルク、レザー

Vラインタイプさんの 好印象度をアップさせる歩き方

歩き方

腰周りをやわらかく揺らす

ドレスウォーク

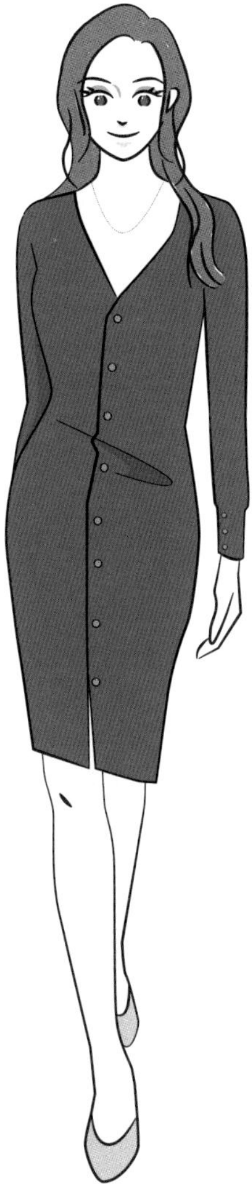

さらに魅力を引き上げるエクササイズをCheck!

→ P.88

全身のシルエットがVに見えるよう、一本線の上を歩くようにしましょう。歩幅を広くとり、ゆっくり歩くことで、エレガントかつ大人の女性らしい雰囲気が増します。

column

なりたい自分は歩き方でつくれる！

elegant

エレガントに見せるには歩くスピードは遅く、歩幅は大きくする

cute

キュート系は歩くのが早く、歩幅が小さい

歩幅の大小や歩くスピードの速さで印象を変えることができます。下のマトリクスは骨格別でどのように見えているかを分類しているのですが、歩幅や歩くスピードだけ見ても各々で差があることがわかるでしょう。このマトリクスを参考に、骨格や洋服だけでなく歩き方も含めて「なりたい印象」「理想の自分」に近づいてみましょう。

歩幅×歩くスピードのマトリクス

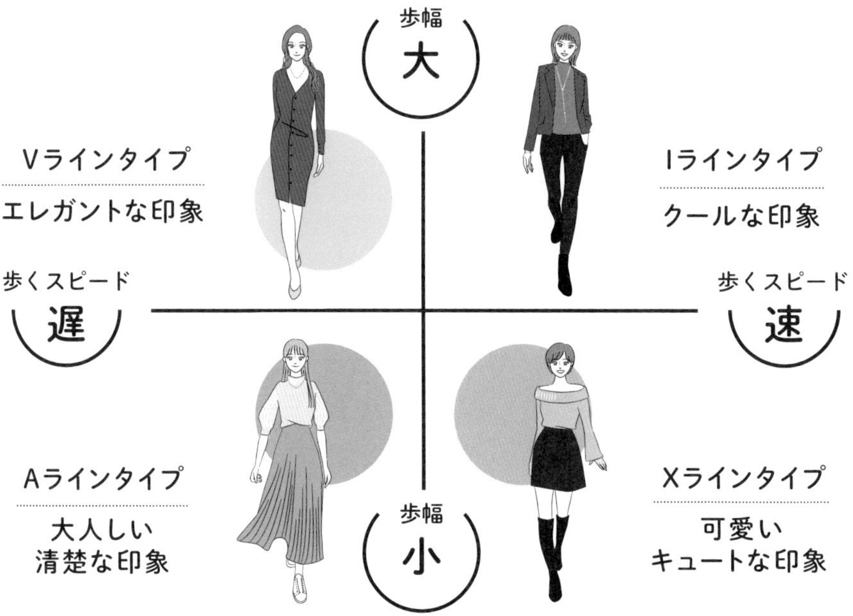

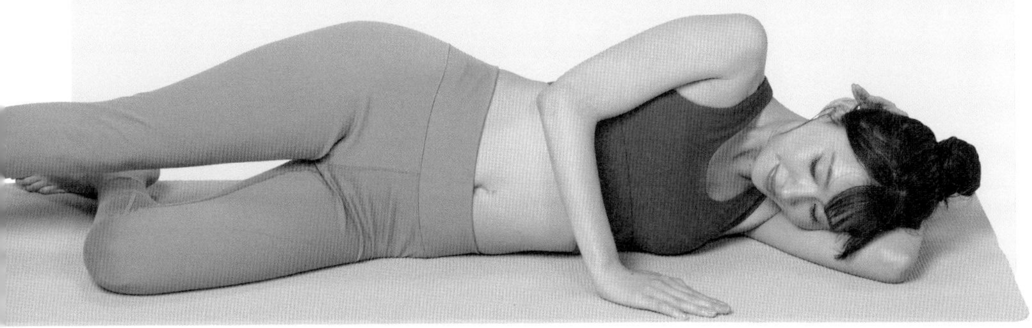

骨格別お悩み一覧

筋肉の付き方や脂肪の付き方、関節の大きさやボディラインなどが異なる4つの骨格タイプ。だからこそ骨格別で魅力を引き上げるエクササイズが重要です。悩みの部分をプラスに変えて、理想のボディに近づきましょう。

Aラインタイプ

お悩み

- 下半身に脂肪が付きやすい
- くびれが出来にくい
- お尻の下に脂肪が付きやすい

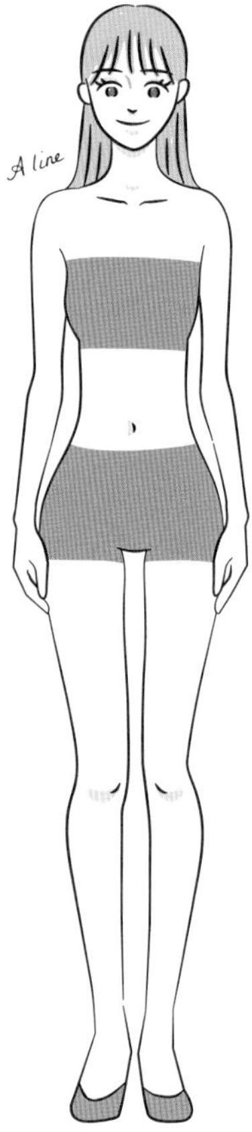

Iラインタイプ

お悩み

- 筋肉が付きづらい
- 全体的にメリハリがつきにくい
- 肋骨が目立ちやすい

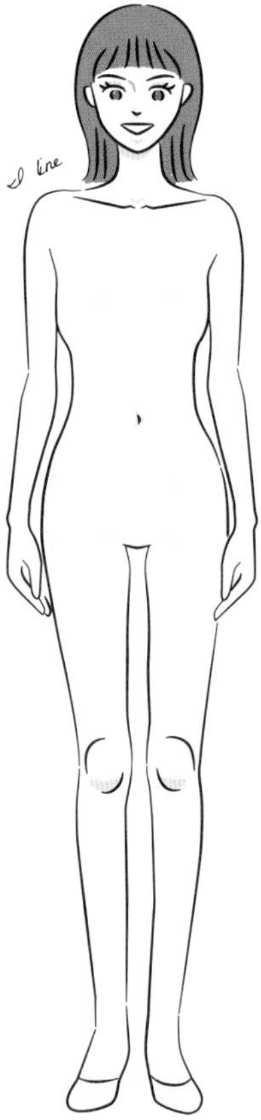

Vラインタイプ

お悩み

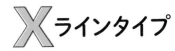

・筋肉が付きやすくガッシリして見える
・前ももに筋肉や脂肪がつきやすく、脚が太く見える
・お尻が横広になりやすい

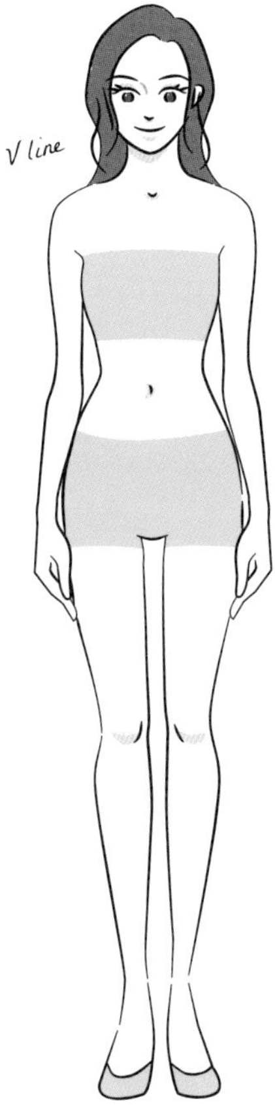

Xラインタイプ

お悩み

・全体的に外側に脂肪が付きやすい
・ぽっこりお腹になりやすい
・O脚に見えやすい

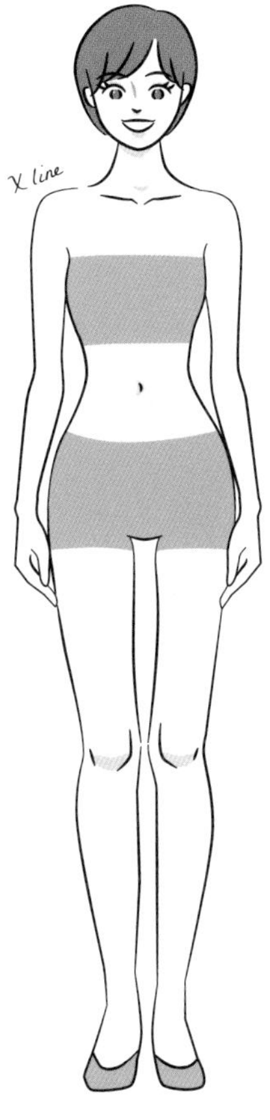

Iラインタイプトレーニング

筋肉が付きづらく、上半身と下半身の体型の差がないのが特徴。なので寸胴に見られがち。メリハリをつけながら直線ラインをつくるのがポイント。

チェストアップリブクローズ

胸

10回×3セット

胸の位置が低く、胸板も薄めで肋骨が目立ちやすいＩラインタイプ。
胸板を厚くするトレーニングでメリハリのある身体に！

1

頭の後ろで手を組み、肘をめいっぱい開き、胸を開く。

2

胸を開いたまま、目の前で肘をぴったり付けるように引き寄せる。

POINT

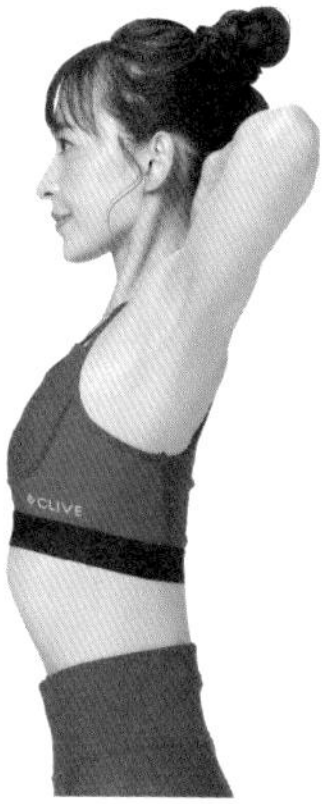

組んだ手は横に真っ直ぐに。耳より前に出ないように。

脚

インサイドレッグアップ

左右10回×3セット

O脚などが目立ちやすいので、内転筋をしっかり鍛え、真っ直ぐな脚のラインをキープ！

1　立った状態で、片方の脚を少し前に上げる。つま先が外側に向くよう意識。

2　内ももの筋肉を使うことを意識して、上げていない足の前を過ぎるように、内側に移動させましょう。

POINT

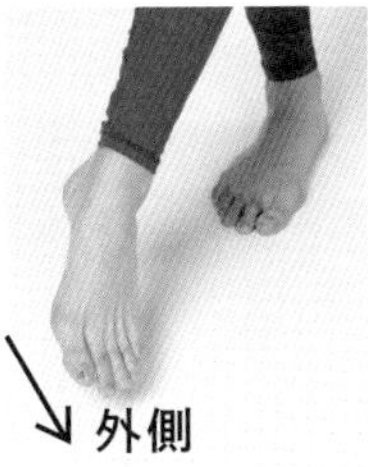

つま先が常に外側を向いていると効果的。

スクワット

10回×3セット

ヒップ

平らで筋肉が付きにくいお尻。
大殿筋を鍛えてお尻を丸くしましょう！

POINT
つま先より前に膝が出ないようにする。

1

手を腰に当てて胸を張り、両足を肩幅より少し広めに開き、つま先と膝を正面に向ける。

2

かかとに重心をかけて、お尻を後ろに引くように腰を下ろす。膝を曲げた角度が90度になるまでゆっくり行う。

ウェスト

リブインサート

10回×3セット

痩せてもくびれができにくいので、「腹式呼吸」で肋骨を締めるトレーニングで、くびれを目指そう。

POINT
背中が丸くならないように。

1

胸下を両手で押さえながら肺にたっぷり空気が入るよう鼻から息を吸って肋骨を左右に開く。

2

1のまま、口から息を吐いてお腹を凹ませ、肋骨を締める。

Aラインタイプトレーニング

下半身に脂肪が付きやすく、上半身が薄い骨格。下半身にボリュームが出やすいのでお尻や胸を高い位置に見せるのがポイント。

プッシュアップ

10回×3セット

胸&二の腕

胸の位置が低く、胸板も薄めなので、大胸筋を使ったトレーニングでバストアップを。また二の腕に脂肪が付きやすいのでWで効果のあるトレーニングを！

胸

1 肩幅よりやや広めに手をついて四つん這いに。

2 肘を曲げながらゆっくりと上体を降ろす。床に胸がギリギリつかない程度まで降ろしたら、そのまま1秒間キープ。

二の腕

1 上体を起こして脇を締めて肩の真下に手をつく。

2 肘を曲げながらギリギリ床に付く程度まで、ゆっくりと上体を降ろす。二の腕の筋肉をしっかり使うことを意識。

POINT

頭を下げているだけでは効果激減！
上体を床に近づけるように。

脚

トゥープッシュアップ

左右10回×3セット

下半身の外側に脂肪が付きやすくて、足首やふくらはぎ、膝上にメリハリが出にくく、むくみやすいタイプ。ふくらはぎを高い位置に見せるトレーニングで美脚効果＆むくみ解消！

1

腰に手を当て片足立ちをする。バランスがとりづらい人は壁に手をついてOK。

2

POINT

上半身が前に倒れないように真っ直ぐキープする。

床についている足でつま先立ちをし、5秒キープしてかかとを下ろす。この動作をリズミカルに繰り返す。

バックレッグアップ

左右10回×3セット

ヒップ

太ももの裏とお尻の境目がわかりにくく、お尻の下にボリュームが出やすいタイプ。お尻を上げて、お尻とももとの境目をつくろう！

1

うつ伏せ状態になる。

2

足首を下に曲げながら、脚を上げる。

ウェスト

ウエストラウンド

左右10回×3セット

胸と腰の位置が低く、くびれが寸胴に見えやすいタイプ。胸の位置を引き上げて、上半身と下半身の距離を離し、くびれを作るとスタイルアップして見える。

1

一本線の上に立つように足を前後に開く。両腕を肩の高さで横に開き、肘が90度になるように立てる。

2

バランスを取りながら、ゆっくりと身体を左右にねじる。

POINT

腕を回すのではなく、上半身をねじることを意識する。

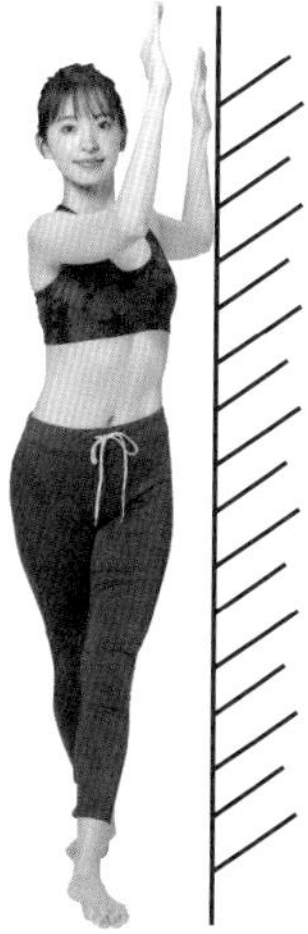

身体がぐらついてしまう人は、壁に片手をついて一方ずつねじるのでもOK。

Xラインタイプトレーニング

筋肉が付きやすく、胸と腰の位置が高いので、しっかりキープすることが大切。
全体的に脂肪が付きやすいタイプでもあるので、脂肪燃焼も大事！

プッシュ&プル

胸

10回×3セット

胸の位置が高くボリュームが出やすいので、垂れないようにキープするのが大事。筋肉を伸縮させずに一定の姿勢をキープして負荷をかけるトレーニングを！

POINT

NG

胸と両手の間が開かないように注意。

胸の前で左右の手のひらを合わせたら、グッと内側に押し合う。

1

2

両手指を鎖骨にくっつけるようにひっかけて、外側に引っ張る。胸の付け根の筋肉を意識。

脚

レッグサイクル

左右10回×3セット

膝が小さくメリハリのある脚をつくりやすいのが特徴。脚の外側に脂肪が付くと下半身全体が大きく見えやすいので、全体を引き締めるトレーニングを。

1

床に横向きに寝そべり、下の脚は90度に曲げる。上側の脚は床スレスレで浮かせて、足首を曲げた状態で真っ直ぐ伸ばす。

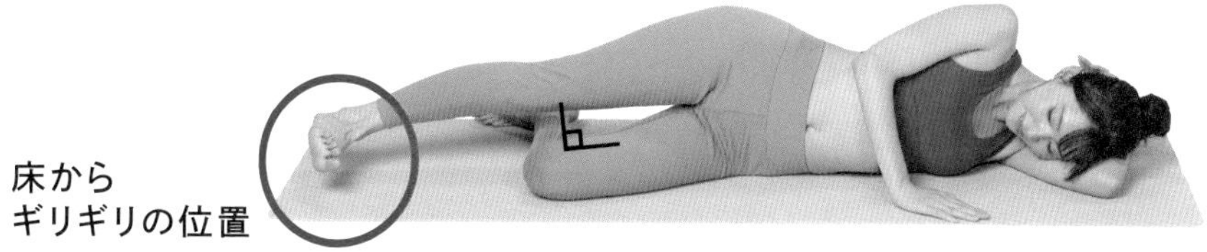

2

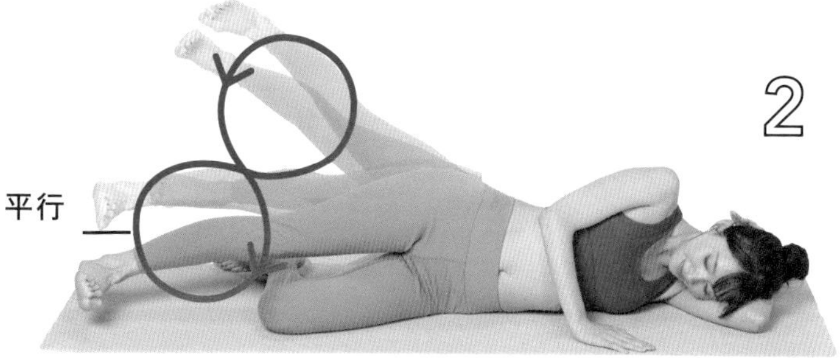

数字の「8」の字を描くように上側の脚を前後上下に動かす。高い位置や低い位置に脚がきたときは、かかとからつま先までが床と平行を保つようにするのがポイント。床に脚がつかないように。

ハイサイドヒップアップ

左右10回×3セット

ヒップ

お尻が丸みを帯びていて、高い位置にあるのが特徴。
お尻全体を鍛えて、高く丸みのあるお尻をキープ！

1 四つん這いになり、手は肩の真下に、膝は骨盤の真下にセット。

2 片足を骨盤の真横に出す。

3 お尻の上部の筋肉(中殿筋)を使うよう意識して、2で出した脚を腰の高さまでゆっくりと上げる。

POINT

肘が曲がったり、上体が横に倒れたりしないように。

ウエスト

レッグアップ&レッグクロス

左右10回×3セット

気をつけたいのがぽっこりお腹。骨盤を引き締めながらの
脚上げトレーニングが効果的。腹圧を意識して！

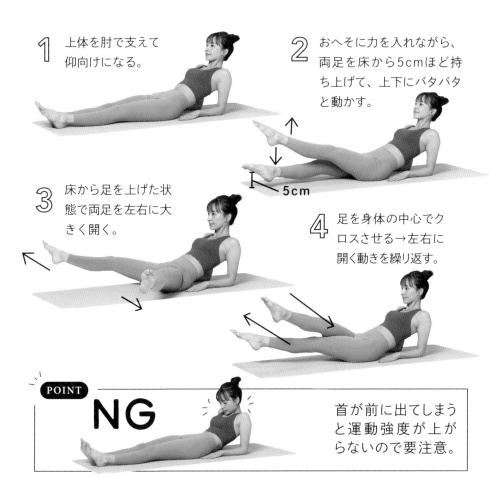

1 上体を肘で支えて仰向けになる。

2 おへそに力を入れながら、両足を床から5cmほど持ち上げて、上下にバタバタと動かす。

3 床から足を上げた状態で両足を左右に大きく開く。

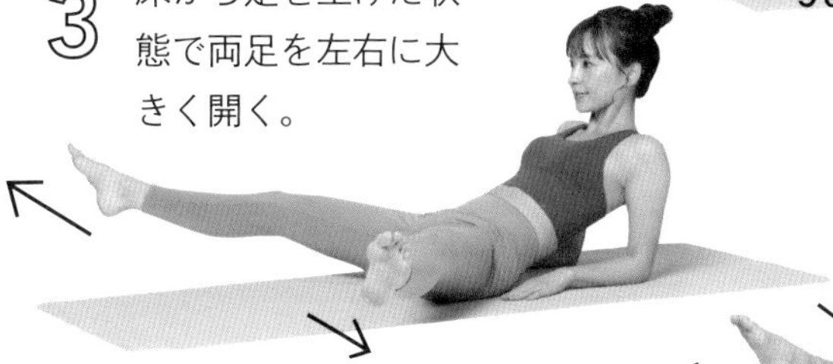

4 足を身体の中心でクロスさせる→左右に開く動きを繰り返す。

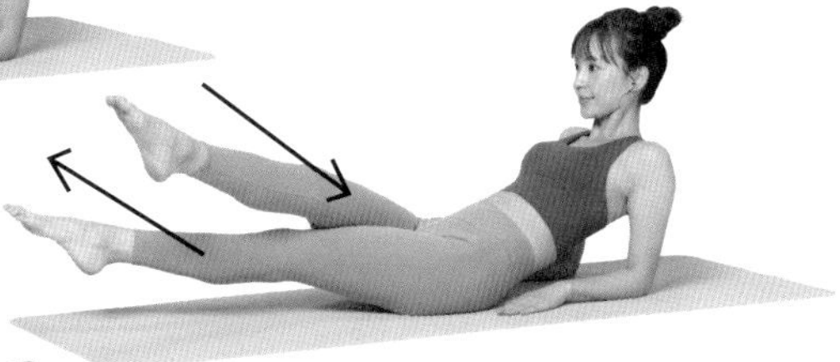

POINT

NG

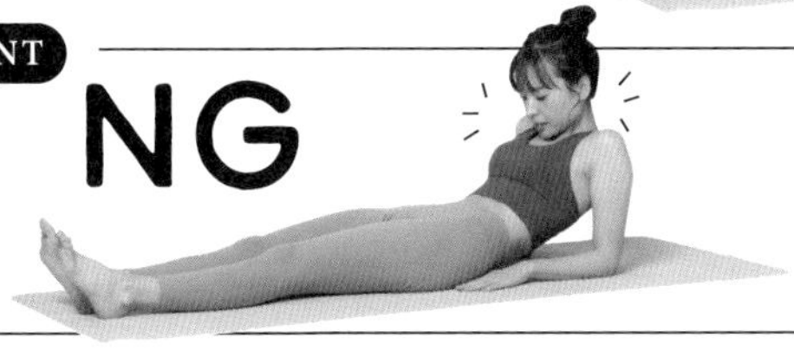

首が前に出てしまうと運動強度が上がらないので要注意。

Vラインタイプトレーニング

筋肉が付きやすくガッシリしている骨格。身体に厚みがあるので、パーツをしっかり引き締めるのが効果的。

エルボークローズオープンアップ

胸

10回×3セット

胸板に厚みがあるので、胸郭を引き上げてアンダーバストを細く見せるとスタイルがよく見える。また二の腕に脂肪が付きやすいので、バストと二の腕をセットで鍛えるトレーニングを。

1

両腕を肩の高さで横に開き、手を上に、肘は90度に。

2

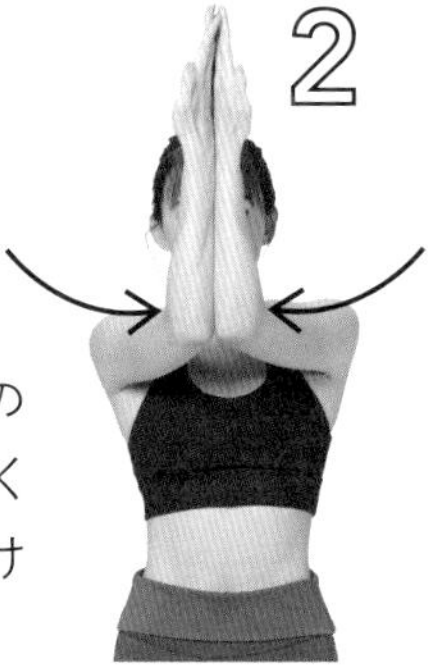

POINT

胸は開いたまま。

胸を開いたまま、目の前で手の甲同士がくっつくように肘をつけて引き寄せる。

3

2の胸の状態を崩さずに、そのまま手を広げる。

4

手のひらを合わせて頭上まで手を伸ばす。１のポーズに戻って、腕を下ろす。

脚　ハムストリングスコントラクション

左右10回×3セット

膝下がキレイに見えるが、膝が小さいので、前ももに筋肉が付くと脚が太く見えやすいのが難点。細く見せるためにハムストリングを鍛えましょう。

POINT

NG

上半身が前に傾くと、トレーニングの効果が減少。くれぐれも前に出ないように。

1

立ったままで、腰に手を当て、片方の脚の膝を曲げる。

2

かかとがヒップにつくよう意識して、さらに膝を曲げる。

アウトサイドレッグアップ

ヒップ

左右10回×3セット

お尻に筋肉が付きやすく、けれど横に広がるタイプ。
お尻の横を引き締めてキレイな形に！

POINT
お尻の筋肉を
締めることを意識！

1

立ったまま、つま先を外に向けて
前に出す。身体が倒れそうな場
合は壁に片手をつけてもOK。

2

つま先を外に向けたまま脚を
肩のラインよりも外に広げる。

ウェスト

レッグアップアブクラックス

左右10回×3セット

胸部を持ち上げて姿勢を正すことで、くびれができやすくなり、腹筋の縦ラインもつくりやすい。

1

四つん這いの状態から片脚を後ろに真っ直ぐ伸ばす。目線は前に向けるように。

背中をしっかりと丸めながら、1で後ろに伸ばした脚の膝と、脚の反対側の肘をくっつける。

POINT
背中を丸めて伸ばす動きが大切。

POINT
最初は膝と肘がつかなくてもOK。つけようとすることが大事。

おわりに

自分の「似合う」は見つかりましたか？
自分に似合うものがわかるとワクワクしますよね。
この本を読んで実践することで、無理なくあなたらしい魅力が発揮されることでしょう。早速実践してみてください。きっとすぐに変化を感じられると思います。

ですが、何事も継続が大事です。そのときに感じた変化は継続しない限りまたすぐに元に戻ってしまいます。最初は「難しい」「うまくできない」と思うかもしれませんが、継続することで、無意識に自分の骨格タイプに合った動き方や見せ方ができるようになります。また自然と日常動作の中にルーティンとしてトレーニング要素が加わるので、無意識に運動を行っていることになります。ルーティンになるまで継続することが本当に重要です。

トレーニングというと「ずっと続けなくてはならない」「キツイ動作を続けるのがツライ」と思うでしょう。ですが、体幹コアウォーキングや自分に合うことを日常動作に取り入れて意識的に行うことで、継続的にトレーニングをしていることになります。その先の〝痩せる〟といった

変化にも繋がるでしょう。

買い物に出かけた際、ふとショーウィンドウに映る自分の姿を見て、キレイになったと思えるように本書の内容を続けてみてください。僕の願いは、日本中が美しく歩く人で溢れることです。

身の周りを整えると運気が上がるといわれています。身体が整うと心も整い、さらに運気も上がります。見た目も美しくハッピーに過ごしましょう。

僕は普段キッズからティーン、ミス・ミセス・シニア層といった幅広い年代に指導をしています。ファッションショーやコンテストといった表舞台に立つ人の指導もしています。その中で、「自分に似合う」を知ることで、変化した人をたくさん見てきました。

例えば、自分に全く自信を持てず、人前に出るのも苦手な子がミスコンテストで日本代表になったこともあります。正しい姿勢や正しいウォーキングをルーティン化することで、マイナス40kgのダイエットに成功した生徒もいます。また、自分に自信を持てるようになり、不登校から学校に行けるようになったティーンもいます。さらには、お医者さんから「歩くのは難しいだろう」と診断された人が歩けるようになり、今ではウォーキングの先生になったりと、さまざまな変化が起こるのを目の当たりにしてきました。

人は理想の自分へと変われます。今までのあなたの行動が、ここまでのあなたをつくってきました。これから先の行動が、これからのあなたをつくります。

なりたい自分に必ずなれます。
あなたの人生はあなたが美しく歩いてください。

誰かに憧れたっていい。
現実とのギャップに凹んだっていい。

あなたはあなたのなりたい自分になっていい。
誰かに無理だと言われようが、なりたい自分になっていい。

なんのためにと聞かれたら自分のためにと答えればいい。
周りを納得させなくても、自分が納得できる自分になればいい。

目標を変えたくなったらいつでも変えていい。
途中でやめてもいい。
また始めればいい。

自分の批判くらい他人がしてくれる。
自分のことは褒めるだけでいい。

あなたはあなたの人生を美しく歩いていい。

PWA

一般社団法人プロフェッショナルウォーキング協会（PWA）

2011年11月に今村大祐氏によりJPTA（日本プロポーショントレーニング協会）として発足。
2021年3月に一般社団法人化して２期目で会員数は200名を超える。
日本一歩き方の綺麗な人を決めるコンテスト「THE WALK JAPAN」を主催。

「誰もが美しく歩く日本を作りたい」という理念のもと「歩き方と考え方で人生を変えるスペシャリスト」となるプロのウォーキングインストラクターを育成する協会。会員は北海道から沖縄まで日本全土に渡り、一般の方の美姿勢・健康ウォーキング、モデルのランウェイウォーキングやコンテストウォーキング、舞台演出構成、ファッションショーやコンテストのプロデュースまで行う。また、「教育に姿勢と歩き方を」と掲げ、行政や企業、学校と連携を取り、学力・体力向上、メンタルケア、人間力向上に尽力している。

PWA
Professional Walking Association
一般社団法人プロフェッショナルウォーキング協会

詳しくは
こちらから

今村 大祐

一般社団法人プロフェッショナルウォーキング協会 代表理事
プロウォーキング講師。マインドセットコーチ。
モデル・コンテスタント指導メンター。
歩き方と考え方で人生を変える育成のプロフェッショナル。今村式メソッドの「体幹コアウォーキング」や「骨格タイプ診断」など、個人に合わせた指導で、30名以上をミスコンテスト日本代表として世界に輩出している。
またミラノコレクションのウォーキングディレクターを務めるなど、国内外問わずファッションショーやコンテストの演出構成も担当。『姿勢教育を義務教育に』と掲げた活動では、全国の学校から授業依頼が多数来ている。指導数は15万人を超え、ウォーキングインストラクターの育成は200名に及ぶ。

装丁/本文デザイン	chicomoco
イラスト	山内夏摘
撮影	飯島浩彦（MASH）、川端健太（MASH）
モデル	中北成美
ヘアメイク	貞廣有希
取材・構成	望月沙織
校閲	株式会社ぷれす
編集長	山口康夫
担当編集	森　公子

毎日の「歩き方」を変えるだけで、みるみる痩せる！
歩トレ
2023年2月1日　初版第1刷発行

著　者	今村大祐
発行人	山口康夫
発　行	株式会社エムディエヌコーポレーション 〒101-0051　東京都千代田区神田神保町一丁目105番地 https://books.MdN.co.jp/
発　売	株式会社インプレス 〒101-0051　東京都千代田区神田神保町一丁目105番地
印刷・製本	シナノ書籍印刷株式会社

Printed in Japan

【カスタマーセンター】
造本には万全を期しておりますが、万一、落丁・乱丁などがございましたら、送料小社負担にてお取り替えいたします。お手数ですが、カスタマーセンターまでご返送ください。

落丁・乱丁本などのご返送先
〒101-0051　東京都千代田区神田神保町一丁目105番地
株式会社エムディエヌコーポレーション カスタマーセンター
TEL：03-4334-2915
内容に関するお問い合わせ先
info@MdN.co.jp

書店・販売店のご注文受付
株式会社インプレス　受注センター
TEL：048-449-8040／FAX：048-449-8041

ISBN978-4-295-20481-7　C0075